小生意 大收益

风丽 ◎ 编著

云南科技出版社
·昆明·

图书在版编目（CIP）数据

小生意大收益 / 风丽编著. -- 昆明：云南科技出版社, 2025. 6. -- ISBN 978-7-5587-6366-3

Ⅰ. F276.3

中国国家版本馆CIP数据核字第20259XH762号

小生意大收益
XIAO SHENGYI DA SHOUYI

风丽　编著

责任编辑：叶佳林
特约编辑：陈赫蓉
封面设计：李东杰
责任校对：孙玮贤
责任印制：蒋丽芬

书　　号：	ISBN 978-7-5587-6366-3
印　　刷：	三河市燕春印务有限公司
开　　本：	880 mm × 1230 mm　1/32
印　　张：	6
字　　数：	120千字
版　　次：	2025年6月第1版
印　　次：	2025年6月第1次印刷
定　　价：	59.00元

出版发行：云南科技出版社
地　　址：昆明市环城西路609号
电　　话：0871-64192481

版权所有　侵权必究

前言

每个时代都有不同的时代密码，如今"第四消费时代"已然来临，未来的消费趋势正悄然发生变化，这也就意味着赚钱的逻辑发生了改变。那么，在时代的巨大变革中，如何抓住新的时代红利呢？下一个风口又在何处呢？

很多人可能会觉得做大生意才能赚大钱，然而事实并非如此。大生意往往风险大、投入多，资金回笼的时间也很长；而小生意则风险小、投入少且见效快，可以用较少的资金跑通盈利模式，然后再进行复制和放大，有时候反而比大生意更能赚钱。因此，小生意同样可以获得大收益。

这就意味着你不仅要负责日常的运营工作，还要在激烈的市场竞争中找到适合自己的生存之道。要想生意兴隆，这里面有很大的学问。从如何选择合适的行业、筹集资金，到启动生意、进行营销，再到搞定客户，每一个环节都需要创业者仔细考虑、全面策划。这些关键的决策往往决定了生意的兴衰成败。

无论是高级写字楼里的白领,还是工地上辛勤劳作的工人,只要有创业的冲动,都可以投身于商海之中。几千元有几千元的做法,几百万有几百万的方式,每个人都能找到属于自己的小生意。关键是,普通人如何找到适合自己的小生意,降低创业风险,跑通商业闭环呢?

为了帮助那些有志于创业的新手和小企业家少走弯路,本书紧密结合当前的市场环境,深入分析了小生意发展的各个阶段,并结合诸多成功的实操案例,提供了切实可行的建议和指导,没有枯燥的营销概念,是人人都能上手的"商业实操指南",让大家能够安心创业、稳步赚钱,追求大收益。

希望本书可以赋予你敏锐的市场洞察力,让你能够精准地捕捉到消费者需求的变化以及行业趋势的细微变动,在这充满机遇与挑战的商业世界中,助你寻求到宝贵的商业灵感,开启并实现小生意的大收益。

目录

第一章 找到属于你的商机

靠小生意赚取大收益的生意经 / 002

再小的生意也是生意 / 007

聚集红利行业里的小生意 / 009

瞄准女人与小孩的口袋 / 011

资金少可以试试修补行业 / 017

从养老赛道开辟出来的小生意 / 019

加盟小店必须做到"四看" / 024

警惕掉入"小生意致富"的骗局 / 029

第二章 小生意创业者要具备的大思维

小生意也离不开资金的支持 / 035

筹措到一笔可观的创业资金 / 037

将生意变成大家的小生意 / 040

高利贷会吞噬你的小生意 / 043

小生意才需要一招制胜 / 047

有营业执照的生意更容易获得顾客的信任 / 052

谨慎选择你的合伙人 / 057

赚小钱靠个人，赚大钱靠团队 / 062

小成本试错，轻装上路 / 067

第三章 用低成本营销，获取大收益

好名号打响生意的"第一枪" / 071

你必须亲自做营销 / 074

用好社交媒体与数字营销 / 075

异业合作，打造双赢局面 / 082

利用客户扩展你的影响力 / 084

第四章 设法搞定客户，你的小生意才稳

张开"大网"寻找客户 / 090

利用群聊吸引更多精准客户 / 091

把握顾客的需求 / 094

将客户变成你的永久用户 / 097

将顾客的抱怨变成商机 / 101

目 录

第五章　算好这笔账，小生意才能有收益

算准损益平衡点 / 106

提高资金周转率 / 110

保持健康的现金流 / 114

财务上做到公私分明 / 117

第六章　用AI对接你的小生意

现在就 AI，抢先一步 / 121

常见的 AI 工具 / 124

如何用 AI 写各种文案 / 130

"自媒体 +AI" / 139

"街拍小摊 +AI" / 143

"儿童绘本 +AI" / 147

第七章　熬过生意最黑暗的时刻，你就赢了

做生意要沉心静气 / 154

要对自己有一股狠劲 / 157

与其找借口，不如找方法 / 159

坚持下去直到成功 / 162

第八章　小生意也能成为大事业

稳中求进是长久经营之道　/　166

维稳？扩张？要三思　/　169

六个有效的扩张策略　/　173

打造消费者无法抗拒的品牌　/　178

第一章　找到属于你的商机

小生意"船小掉头快",往往能快速掌握创业新风口,以灵活多变的形式迅速打入市场,在短时间内见到成效。无论生意大小,只要用心经营都是"好生意"!很多人认为做小生意很容易,但实际上并非如此。所以,选择一个适合自己,且轻松能获得收益的小生意很重要。

靠小生意赚取大收益的生意经

万丈高楼平地起。绝大多数商业帝国,一开始都是从小生意起步的。小生意通常起步于一个简单的想法或一项独特的技能。创业者们凭借着勇气和有限的资金,努力在市场中开拓出属于自己的一片天地。

小生意,或许是街边的一家小吃店,或许是网上的一间小小的店铺,又或许是一间小小的工作室……其破壳而出,往往是基于创业者一个简单的想法,或拥有的一项独特的技能,外加无比的勇气与有限的资金。这些小生意虽然规模不大,但在创业者心血的浇灌下,顽强地"生长"。

1. 熟悉优于陌生

选择项目时,应根据个人的经验和兴趣,选择自己熟悉的行业。熟悉的行业更容易成功,可以减少摸索的时间成本和资金成本。正如投资大师巴菲特所说:"我只投资自己熟悉的领域。"

如果你是厨师,有丰富的烹饪经验,开餐饮店就是不错的选择;如果你曾在服装厂工作,可以考虑开一家服装加工店。同样,如果你有相关行业的经验和兴趣,选择相关的项目创业更容易成功。

2. 轻工优于重工

重工业投资周期长、耗资多，且资金回笼慢，这使得它通常不是大众的首选。相比之下，轻工业产品的加工制造风险更小，投资回报更快，因而更适合小资本参与。

3. 食品优于日用品

俗话说：民以食为天。食品行业仍拥有广泛的市场，是一个经久不衰的行业。食品业的投资可大可小，入门门槛相对较低，选择范围非常广。相比之下，日常用品市场显然没有这么多优势。

4. 专精优于综合

专业能带来更强的竞争优势，精通可以让生意形成技术和经营特色，从而在激烈的市场竞争中脱颖而出。浙江的吴先生，在生意场上浮浮沉沉20年，有过成功也有过失败。最后靠小小的牙签生意，从小到大，实现了财富自由。吴先生之前做的生意比较杂，最后通过专业制作、销售牙签，在市场中稳稳站住脚跟。

5. 租赁优于新建

并非所有投资都必须从零开始。许多投资项目可以通过利用现有的资源，如现成的人才、设备、厂房或门店来实现。这种方式能够有效缩短投资周期并节省大量资金。

在选择生意项目时，一定要保持谨慎，尤其是初次创业者，更要慎重行事。大多数人都希望选择那些风险小、相对稳妥的项目。所谓稳妥，指的是投资小、市场大且具有竞争优势的项目。不过，选择项目时，还需要根据个人的风险承受能力和自身特长来作出决策。

无论选择哪个领域，首先都需要认真进行市场调查，不能仅凭主观判断或感觉来决定。那么，创业者如何选择与评估一个行业呢？我们可以通过表1-1进行衡量与评估。

表1-1　创业行业评估表

1. 该行业是否为季节性的？ （1）是否依赖于临时工？ （2）销售是否集中于一年中某一段时间内？ （3）一年中的库存是否存在较大波动？ （4）在某一季度是否没有盈利？
2. 该行业是否对经济周期很敏感？ （1）销售数量在最近的经济衰退年份中是否出现下降？ （2）衰退期间销售额是否出现下降？
3. 该行业是否受到了过度的管制？ （1）列出对行业进行监督的各种管制机构； （2）列出所需的各种许可证； （3）列出必须缴纳的各项税费。

第一章 找到属于你的商机

续表

4. 战略性要素的供给和价格的确定性如何?
(1) 公司是否依赖于那些现阶段从各种渠道都难以弄到的原材料?
(2) 战略性材料的价格变动是否很大?
(3) 那些难以贮存的战略性原材料是否有可靠的供应渠道?
(4) 公司的经营是否过度依赖某些关键员工?

5. 扩张前景如何?
(1) 所在的行业是否正在扩张?
(2) 公司能否增加其市场份额?
(3) 公司的产品和服务是否存在新的潜在市场?
(4) 该市场上是否存在潜在的新产品或服务?

6. 该行业的盈利性如何?
(1) 回报率是否高于社会平均水平(平均回报率按12%计算)?
(2) 投资回报率是否高于行业平均水平?
(3) 为保持一定利润,在必要时,公司能否较容易地提价?
(4) 该行业的盈利能力是否足以为扩张提供资金支持?

7. 产业的变动方向是怎样的?
(1) 人口变动的趋势是否将对该行业产生负面影响?
(2) 公司的主导产品在主要市场上是否已趋于饱和?
(3) 价格变动使产品的市场潜力增大还是缩小?

续表

8.将对行业产生影响的技术变革是什么？ （1）正在发生的技术变革是否将降低产品成本？ （2）正在发生的技术变革能否使你的产品替代竞争产品？ （3）是否存在会导致你的产品过时的技术变革？
9.你能否置身于竞争之外？ （1）列出你相对于竞争对手的优势； （2）列出你相对于竞争对手的劣势。
10.该行业对你个人是否具有吸引力？ （1）列出你被吸引到这一行业中的非金钱的理由； （2）列出该行业中你所不喜欢的各种因素。
11.所选择的行业是否易于进入？ 列出将会削弱新公司进入该行业能力的各种因素。

当然，没有哪一个行业在这11个方面都令人满意。如果有8项以上令人满意，说明这个行业对你来说是值得进入的。反之，若大部分的答案都是负面的，则最好远离这个行业。

投资做生意与婚姻类似，草率的投资如同一场仓促的婚姻，不仅在过程中感受不到快乐，解除这份"婚约"时更可能会付出沉重的代价。然而，很多创业者在选择项目时并不严肃认真，这些人或许是被一时的热情冲昏了头脑，又或许是抱着一种试试看的心态，在选择小生意项目时，缺乏深入的思考和全面的调研，在冲动之下轻率做决定，忽视了商机的真实性以及自己是否具备抓住商机的能力。

许多被称为商机的机会，从表面上看十分诱人，然而实际情况却并非如想象中那般美好。所以，在创业之前，必须要进行仔细的观察和深入的了解，不能仅仅依靠听到的消息或者看到的表面现象，而更应该运用大脑去认真分析。另外，即使是一个非常难得的商机，也并不是对所有人都合适。

◎ 再小的生意也是生意

做生意需要一步一步来，不要幻想一夜之间赚得盆满钵满。通过做小生意，积累足够的资本、经验和人脉，为未来更大的投资打下基础。

温州人在这一点上表现得尤为出色。改革开放后，温州人迅速崛起，活跃于全国各地，凭借他们的勤奋与努力，不断拓展自己的生意版图。他们从修鞋、开发廊、做小商贩起步，逐渐将温州的产品推向全国。

起初，温州人与其他地方的小商贩看起来并无不同，但随着时间的推移，温州的发廊、服装店、电子城以及各种温州产品逐渐遍布全国市场。温州人的成功离不开他们"量力而行"的经营方式——没有足够的资金，他们便从小本生意做起，只要能赚钱，他们就脚踏实地、全力以赴。他们务实而勤奋，不追求过高的目标，而是从零开始，踏实积累。

小生意大收益

在很多人眼里,像牙签、纽扣、标签、商标、小饰品、小玩具这样的"小商品"并不值得做,因为利润太薄。然而,温州人却不这样看待,他们认为,只要能赚到钱,生意的大小并不重要。

事实上,小生意虽然利润少,但投资风险也小,薄利多销的方式可以积少成多,最终获得丰厚的收益。大多数成功人士都是白手起家,尽管怀有远大志向,但在缺乏资金和人脉的情况下,小生意才是他们赚取"第一桶金"的突破口。那些眼高手低的人,大事做不了,小事又不愿做,最终只能两手空空,抱怨命运不公。

温州人的成功秘诀在于"微利是图",他们通过小本生意积累资本,逐渐将产品的经营从小规模拓展至大规模。他们从纽扣开始,逐渐扩展到服装、鞋类,再到电子元件、成套设备,甚至进入了高科技产业和房地产、金融等领域。温州人的生意越做越大,影响力也随之提升。正如一位在美国纽约坚尼路经营手提袋的温州商人所说,从小本生意做起,是温州人经营的特色,也是他们成功的基础。

有一个外地人曾到温州"取经",在温州金泰市场的一位创始人手下打工。她发现这位创始人对生意一视同仁,无论是几千元的大生意,还是几块钱的小单子,都同等对待。而且不管顾客购买的数量是多是少,享受的都是批发价。这位创始人的理念很简单：小生意虽然利润微薄，但总比没有生意强。

这让这位外地人感触颇深，她回忆起自己以前做小商品批发生意时，只对"大客户"热情接待，对那些仅仅购买几件商品的顾客却态度冷漠。那时，她觉得自己辛苦采购进来的货物，以低价卖出一两件很不划算。如今，她明白了，大生意实际上是由无数笔小生意汇聚而成的。与其空等大订单上门，不如认真对待每一笔小订单。

温州人的成功经验向我们表明，不要因为生意小就不去做。从小生意中不断积累，不但可以锻炼经营能力，还能够逐步积攒资本与人脉，为将来更大的发展筑牢坚实的基础。不管是小生意还是大生意，关键在于抓住每一个机会，踏踏实实地进行经营。

◎ 聚集红利行业里的小生意

做生意，首选的是有红利的产业。对于小生意从业者来说，最需要关注并有望获得的红利是政策红利与技术红利。

1. 政策红利

政策红利是指政府通过制定和实施特定的政策措施，推动某些产业的发展，从而为行业带来新的发展机会。你的生意如果搭上这些产业的顺风车，就能享受政策带来的红利。这类红利包括但不限于税收优惠、资金补贴、基础设施支持等。

小生意创业者需要关注的政策红利有两种：

一是产业红利。政府通常会针对某些产业给予政策倾斜，如新能源汽车、可再生能源、新农业、养老行业，等等。在这些产业中，有的是小生意创业者无法直接享受到的，那么可以退而求其次，成为产业的下游小型服务商。大生意吃肉，小生意喝汤，也是不错的。

二是区域发展政策。政府出台的区域政策，大的如"粤港澳大湾区发展计划"或"一带一路"倡议，小的如地方政府设置的开发区、产业园，都会有一些相关的优惠与扶持。

2. 技术红利

技术红利是指通过技术创新和应用带来的产业变革与市场机会。随着科技的不断进步，许多传统产业面临被颠覆的可能。然而，小生意若能抓住新技术带来的机遇，便可以在转型的过程中占据有利的位置。

作为小生意创业者，千万不要以为技术红利是给大生意、大公司准备的。恰恰相反，技术红利是小生意创业者"逆袭"的重要法宝。每一次技术的更新，都会让一批小公司崭露头角。当年的阿里巴巴，就是乘互联网技术普及的东风而崛起。伴随着阿里巴巴崛起的，还有成千上万的电商从业者。他们从经营小本生意起步，逐步发展到百万甚至千万的规模。

例如，当下的人工智能（AI）是一场巨大的技术革命，不断推动传统行业变革。人们并不需要具备高深的人工智能知识，只需掌握一些人工智能软件的简单应用，就能够以小成本甚至零成本进行创业，并且取得相当不错的收益。这些简单应用，可以去网站自学，也可以花钱去报一个培训班接受系统学习。

需要特别提醒的是，一旦看准技术红利，就必须立刻行动起来。不要等技术成熟了才出手，勇敢拥抱不完美，快速介入、占领市场，这样才能领先他人一步。否则，等大家都反应过来的时候，"内卷"就会变得非常严重，红利也会转变成竞争激烈的红海。

瞄准女人与小孩的口袋

以擅长经商而闻名全世界的犹太人始终恪守一个准则：赚女人和孩子的钱最容易。这个准则在今天依然有效。

1. 女性市场的潜力与特点

根据研究，女性控制着全球消费支出的65%至75%。不仅如此，女性往往是家庭消费的决策者，无论是家庭日常用品、孩子的教育开支，还是家居用品和食品，她们都在消费过程中扮演着重要的角色。这使得女性成了所有商家不可忽视的目标群体。

尤其是在电商和社交平台高度发展的今天，女性消费者的购买习惯也更加灵活。她们善于利用碎片化时间进行购物，更倾向于通过线上渠道购买商品。同时，女性消费者的忠诚度和品牌认同感更强，一旦某个品牌获得她们的信赖，其复购率通常会比较高。因此，将目标锁定在女性市场，不但可以获得短期的经济收益，还能够通过提高顾客的忠诚度来确保生意在长期内得以持续发展。

女性在挑选商品的时候，不但看重商品的实用性，而且对产品的质量以及购买过程中的情感体验也极为关注。她们热衷于与品牌建立起情感上的连接，更偏向于支持那些能够传递积极情感价值的品牌。例如，众多女性消费者不仅期望购买到高质量的护肤品、服饰等商品，还渴望从品牌故事当中感受到自我价值的提升以及生活方式的改善。

因此，针对女性的产品设计和营销策略，应该更多地关注情感诉求。例如，通过讲述品牌创立故事、展示产品的社会责任或环保贡献来吸引女性消费者。此外，提供定制化服务、细致入微的客户关怀，以及更为便捷和贴心的售后服务，都是赢得女性市场青睐的关键。

女性消费者的另一个显著特点是：她们高度依赖于社交圈中的意见和建议，社交媒体平台在其中起到了极大的推动作用。女性消费者更容易受到朋友、家人以及社交平台（博主）的影响。这使得针对女性的市场营销中，社交媒体营销的作用尤为重要。

近年来，基于社交网络的电商模式（如短视频、直播带货等）迅速崛起。名人代言、网红带货等方式，可以迅速吸引大量女性消费者的关注，并形成购买潮流。因此，在针对女性市场的营销策略中，利用社交平台、口碑传播等手段，可以极大地提升品牌曝光度和销售额。

2. 儿童市场的巨大潜力

尽管近年来生育率不断下降，但家长在孩子身上的投入却一直呈增长态势。不管是服装、玩具、书籍、教育课程，还是儿童健康食品、护理用品等方面，家长们都愿意为孩子的成长投入更多的金钱。数据表明，儿童产品的市场需求每年都在稳步提升，并且在未来有着极大的发展潜力。

尤其是"90后""00后"这一代父母，他们对孩子的成长和教育更加重视，不仅关注孩子的物质生活，更关注精神层面的培养。因此，从教育产品、亲子活动到健康食品、益智玩具，围绕儿童成长的消费市场潜力巨大。任何小生意如果能够抓住家长的心，提供高质量的儿童产品或服务，往往能够迅速打开市场并获得成功。

从经济学的角度来看，儿童是"甜心市场"的核心。虽然孩子本身没有购买力，但他们对家庭消费的影响力巨大。家长不仅愿意为孩子购买他们喜欢的玩具和衣物，更愿意为孩子提供最好的教育资源和健康保障。这种"为孩子而消费"的心理，为儿童市场的商家创造了极大的机会。

玩具出租是一项近年来兴起的商业模式，适合小生意创业者。随着家庭消费的升级，家长们每年在孩子玩具上的开销不菲。然而，孩子的兴趣变化快，玩具更新速度也很快，很多玩具玩不了几天就被搁置。因此，玩具出租行业在满足家长需求的同时，也减少了浪费。

玩具出租行业最早出现在北京、武汉等大城市，并迅速扩展至全国各地。通过会员制的运营模式，创业者不仅能获得稳定的收入，还能实现持续的客户增长。

长沙的李女士在2022年底开了一家玩具出租店，初期投入约5万元，其中2万多元用于收购二手玩具，经过清洗和消毒后重新出租，另外1万多元购买了部分新玩具。由于她将店铺开在小区内，房租相对较低，这大大降低了运营成本。

她的玩具出租店采用会员制，一年的入会费为200元（可抵扣玩具租金）。店铺内的玩具种类丰富，有400多种。顾客可以通过购买年卡、季卡或月卡成为会员，并按玩具市场价的10%左右支付租金，玩具损坏或遗失时则按比例赔偿。李女士的店在半年时间内，会员发展到300多人，仅会员费一项就收回了全部投资，店铺月收入也较为可观。

此外，李女士手里有上千孩子家长的微信，还可以帮艺术培训班等商家引流，这也是一笔不小的收入。等条件成熟，李女士甚至准备自己再开一家书画培训班。

无论是早教机构、兴趣班，还是益智类玩具和图书，家长都愿意在这些方面投入更多。因此，小生意如果能针对儿童市场提供符合家长需求的产品，如提高智力的教育产品、促进身体健康的食品或增强亲子互动体验的产品，往往能够快速获得市场份额。

儿童的成长周期长，而且不同年龄段的需求各不相同。这为儿童产品市场创造了一个非常稳定且持久的客户基础。例如，婴幼儿阶段需要的是奶粉、尿不湿和早教玩具，而随着孩子逐渐长大，家长在儿童教育、课外兴趣班和素质教育等方面的支出会不断增加。

3. 女性和儿童市场的结合点

有趣的是，女性和儿童市场往往是紧密相连的。母亲作为主要的决策者，不仅掌握着家庭的消费权，还对孩子的成长和教育投入了大量的关注。因此，针对母婴市场的小生意也是一个极具潜力的领域。

母婴市场一直是备受瞩目的消费领域，尤其是生育政策放开后，这一市场呈现出爆发式增长的态势。从孕妇装、婴幼儿护理产品到早教产品、亲子旅游等，母婴市场的消费需求不断增加。母婴市场的特点是：需求持续且复购率高，只要产品质量好、服务周到，母亲们愿意长期购买同一品牌的产品。

母婴市场的消费者不仅对产品本身的要求高，而且非常关注产品的安全性、环保性和舒适性。因此，创业者在进入这一市场时，必须保证产品的安全性和高品质，并通过社交平台与消费者建立良好的沟通和互动，赢得母亲群体的信任。

也正因为女性和儿童的消费市场具有如此广泛的需求，其发展潜力可谓巨大。然而，也正是由于这些显著的优势，这个市场的竞争也变得更加激烈。为了在激烈的竞争中脱颖而出，市场逐渐走向更加细分和专业化的方向。

在这般竞争激烈的市场环境中，创新营销无疑成为小生意拓展市场份额的至关重要的手段。只有紧紧抓住市场需求，深入了解女性和儿童的特定需求点，精心打造具有强大竞争力的特色小店，小生意才能够在这片广阔的市场中找到属于自己的一片天地。

随着家庭生活质量的提升，越来越多的家长重视亲子互动和体验式消费。亲子活动、亲子餐厅、亲子旅游、亲子教育等项目逐渐兴起，为小生意创业者提供了新的创业机会。尤其是在城市家庭中，家长们不仅希望为孩子提供物质上的满足，还希望通过亲子互动增进感情，提升孩子的社交能力和自信心。

在这种背景下，围绕亲子互动的小生意，如亲子餐厅、亲子工作坊、亲子摄影等，迎来了发展良机。通过为家长和孩子提供共同的体验式消费场景，不仅可以吸引更多顾客，还能够创造更多的附加值，提高客户忠诚度。

第一章
找到属于你的商机

🎯 资金少可以试试修补行业

修补行业是中国传统手工艺的重要组成部分，投资很少，收益虽然不能赚大钱但能维持生计。传统的修补，有修鞋、修伞、修家电、修补衣服等。

这些行业的特点是：投资成本低；靠手艺吃饭，重视口碑；服务社区居民，贴近生活。目前部分传统修补行业面临后继无人的困境，但仍有一定的市场需求，特别是高端定制修补。

一些年轻人开始将修补拓展到其他领域。下面分享一个案例，告诉你如何通过细心观察市场，发现修补需求，实现小额投资成功创业。

在我国的众多城市里，广告招牌随处可见。这些招牌是商家展示自身形象的重要门面，其价格跨度从几千元到上百万元不等。但是，随着时间的流逝以及风吹雨打，招牌难免会出现损坏或者老化的情况，字迹变得模糊不清，甚至还会引发一些误会或者闹出笑话。然而，很多商家却忽视了对招牌的维护，并且市场上也很少有专门的招牌修补服务。

一位来自湖南的青年敏锐地察觉到了这一市场的空白之处。他认识到，招牌损坏会对商家的形象产生不良影响，而修补服务的市场需求巨大。在正式踏入这个新行业之前，他先进

小生意大收益

行了一番市场调研。他以装潢公司的名义走访了 15 家招牌有破损的公司或者商店,结果有 9 家表示有修补的需求。接着,他又以酒店后勤部负责人的身份咨询了几家广告装潢公司,了解到大多数公司对小规模的招牌修补并不感兴趣,而那些愿意提供服务的公司开出的价格也很高,几乎等同于重新制作一个招牌。

通过这次调研,这位青年看到了巨大的市场空间,于是果断地进入这个几乎无人涉足的行业。经过两三个月的摸索,他对服务进行了升级。除了补字之外,还提供招牌翻新服务。通过打磨生锈的部分,再涂上与招牌颜色相协调的油漆,让老旧的招牌焕然一新。这样一来,不仅满足了客户的需求,还能够增加额外的收益。他独自一人,每个月靠着"招牌美容"就能够获得大约 2 万元的纯利润。

你所处的城市也可能有许多广告招牌存在类似的问题,为什么不学学这位青年的做法,做一次市场调查,抓住机会呢?

招牌美容的初期投资相对较低,主要用于购买小型焊机、保险绳、补字所需的材料(如彩纸、油漆)、砂布和梯子等,整体花费大约为 5000 元。如果前期业务不足,可以先采取兼职打零工的方式,等逐渐积累经验和客户后,再考虑正式成立公司。

第一章
找到属于你的商机

🎯 从养老赛道开辟出来的小生意

老家在湖南的罗先生，在北京定居了 20 年。现在，让他和妻子感到压力的一件事就是：他们两口子需要照顾七八个老人。他说，他的爷爷、奶奶都健在，他们有一个女儿和一个儿子，女儿嫁到外省，所以爷爷、奶奶一直和他们住在一起。妻子家也是类似的情况。

如今，60 多岁的父母还能边照顾自己边照顾上一辈人，但 10 年后、20 年后，随着他们年龄的增长，可能也需要他人来照顾。假设老人们都能活到 85 岁，作为独生子女的夫妻俩，在还没有退休时需要同时照顾 8 位老人！这个数字令人震惊。

根据联合国的定义，发展中国家 60 岁以上人口（包括 60 岁）达到 10%，就标志着该国家进入老龄化社会。据《2023 年度国家老龄事业发展公报》披露，截至 2023 年末，全国 60 周岁及以上老年人口 29697 万人，占总人口的 21.1%。这个数据在今后的 20 多年里，还会持续攀高。

毫无疑问，这一波老龄化趋势正在并将长期影响中国的社会、经济等各个领域。与此同时，老年人市场作为一个拥有巨大消费潜力的市场，吸引了越来越多创业者的目光。

传统商业观点认为，女性和儿童市场是最具价值的，而老年人市场则被视为鸡肋。然而，随着时代变化，这一观念正在被颠覆,老年人市场的商机逐渐显现。

2023年8月16日,国务院召开常务会议,提出加快发展养老服务业。这会催生上千万就业岗位,以老人为服务对象的"养老市场",将是未来三四十年的一个朝阳行业,甚至有望成为继房地产之后的最赚钱行业。有识之士当敏锐地捕捉到这一商机,积极参与其中,在养老领域分一杯羹。

"养老市场"涵盖了适合老年人的衣、食、住、行、康复保健,还包括老年人的学习、娱乐、休闲、理财和保险等。随着老年人在社会消费中所占比例的不断提高,养老行业成为拉动我国经济发展的重要力量。行业内所有人都在瞄准他们的特殊需求,提供贴心的服务和产品,甚至在产品设计中特别考虑"银发族"的需求。

养老行业的小生意,既能赚钱,又有意义,是一个非常不错的选择。具体来说,如下几种市场值得考虑:

1. 老年服装市场

传统的观点是:老年人的服装只需遮体保暖、价格低廉即可,款式和色彩并不重要。这种观点已经过时了。在消费行为方面,"银发族"正在跳出"社会时钟",与年轻人以及当下流行元素等碰撞交流,在越来越多的消费场景中与年轻人同频共振,他们对自己的穿着打扮有着越来越高的要求。

如今,老年服装的款式和色彩单一,严重阻碍了市场的发展。许多老年人抱怨，市场上可供选择的老年服装极少，买到满意的衣服鞋帽更是难上加难。在国外，一些老年人服饰品牌已经发展成专卖店和连锁店。

这类专卖店在城市中逐渐兴起，生意还不错，但市场尚未饱和。门槛不高，谁能做到精细化运营，谁就有可能获得更大的利润。可见，低成本开一家专门的老年人服装店是个不错的选择。

2. 老年文化娱乐市场

随着生活水平的不断提升，老年人的消费能力逐步增强，对文化品位的要求也越来越高。许多老人有着强烈的文化需求，比如在大城市中，不少老人热衷于进入老年大学学习，以填补自身知识的空白；有的老人喜爱养鸟、种花；有的则热衷于庆祝金婚、银婚并重拍结婚照；还有的格外偏爱唱歌跳舞……老年人的生理和心理状况造就了他们独特的消费需求。但是，目前在许多中小城市，老年文化娱乐市场仍然十分薄弱。进一步开拓这一市场，无疑是一条不可多得的赚钱途径。

3. 老年人旅游市场

世界那么大，我想去看看。年轻人有这个需求，但不一定有时间。有时间的，也不一定有经济实力。

老年人的情况则有所不同。他们奋斗了大半辈子，如今退休了，拥有充裕的时间和退休金。孩子们也都长大了，他们的负担得以减轻，出门旅游看看世界的需求变得越来越大、越来越强烈。目前，不少旅行社纷纷推出"银发游"产品，竞相争夺这一市场蛋糕。

一位帮父母报名旅游的李先生表示，让父母外出旅行，既能够开阔眼界，又对身心健康有益，这可比吃补品好多了。随着社会劳动保障体制的不断完善，老年人无须为衣食担忧，并且有了一定的积蓄，具备参加旅游活动的条件，可以丰富自己的晚年生活。

由于老年人有着特殊的需求，在组织旅游时必须提供优待措施，比如使用舒适的大巴车、安排优质的酒店，同时还要注意价格的合理性。实际上，老年旅游者的人数众多，旅行社只要用心经营，选择合适的路线和旅游产品，增加对长者的特别照顾，不限制游玩时间，盈利并非一件难事。

4. 老年人食堂

现在，许多老人都没有和子女居住在一起，做饭渐渐成了他们的一项负担。一方面，随着年龄的增长，老人视力变差，操作厨房用具变得困难起来；另一方面，老人体力衰退，长时间站立或者搬运重物对他们而言是一个挑战。此外，如果是一对老人，特别是独居老人，菜品做太多又吃不完，做少了又会导致营养不均衡。

对于小生意创业者来说，可以在老人较多的小区开设一家专门面向老年人的餐馆。餐馆可以定期举办健康讲座、养生讲座以及娱乐活动，以此增加老年人的参与感和归属感。同时，根据不同老年人的健康状况，为他们提供个性化的饮食方案。餐馆员工要主动关心老年人的饮食习惯和健康状况，提供温暖贴心的服务，从而赢得良好的口碑。

5. 养老护理市场

随着老龄化的不断深入，老年人对于养老、医疗以及护理机构的服务需求将会越来越大。然而，当前市场情况较为混乱，专业的服务队伍十分缺乏，这成为一大痛点。不管是居家养老还是社区养老，都存在着巨大的标准化和品牌化市场空间。作为小本创业，可以尝试从上门提供养老护理服务入手。

6. 其他关爱老年人的项目

如陪诊、陪聊、居家安全确认等，都有较大的市场需求。

总之，养老市场蕴藏着巨大的商业机遇，抓住这一波老龄化所带来的商机，不仅能实现经济效益，还能为社会贡献力量。这个小生意的优势在于，一旦建立起信任关系，便能够获得稳定且长期的客户资源；并且，随着服务质量的不断提升，还能够借助口碑营销的方式来扩大自己的客户群体。

小生意大收益

加盟小店必须做到"四看"

如果你没有特长与经商经验，选择加盟或许是一个不错的选择。加盟方提供品牌、技术和管理支持，可以大大降低自主创业的风险。然而，并不是所有加盟项目都能带来成功。必须谨慎选择加盟项目，确保自己的投入能够得到回报。

自从生了孩子，晓丽就辞职在家，专心照看孩子。等到孩子上小学四年级，可以自己独立上下学了，闲下来的晓丽决定做点小生意。她手里有点积蓄，想开家餐饮店，但又没有经验。

有一天，她在手机上看到了一个餐饮加盟广告，声称"投入10万元，三个月回本，一年赚百万"。广告里还附带了几位"成功加盟商"的故事，展示了他们如何在短短几个月内实现财富增长。这些成功的案例让晓丽心动不已。

她拨打了广告中的咨询电话，电话那头的客服非常热情地向她介绍了项目的前景，告诉她"总部会提供全程支持，选址、装修、培训一条龙服务"，而且"加盟只需10万元，完全没有其他隐形费用"。客服还强调，目前正处于品牌推广期，加盟还能享受设备赠送、免设计费的优惠。晓丽被这些条件吸引了，心中隐隐感到这或许是她期待已久的创业机会。

客服在电话中不停地强调："现在有很多人对这个项目感

第一章
找到属于你的商机

兴趣，名额有限，如果再不抓紧，优惠很快就会结束。"这种紧迫感让晓丽开始觉得机会稍纵即逝，错过了可能会后悔一辈子。她决定去总部实地考察。

到了总部，晓丽受到了非常热情的接待。接待人员把她领到了公司的高档办公区，环境宽敞整洁，墙上挂满了"优秀加盟商"的照片和成功案例。接着，招商经理带她参观了几家"加盟店"。这些店铺的装修十分考究，店里坐满了顾客，生意看起来相当火爆。经理不停地对她说："这就是我们加盟商的成功，你看，三个月回本完全不是问题，大家的生意都很好。"

晓丽看着店里熙熙攘攘的顾客，开始对这个项目充满信心。她觉得自己也可以像这些店主一样，通过加盟迅速获得成功。在经理的推销下，她被带回总部，经理提出了"今天签约还能享受更多优惠"的提议。经理告诉她，如果今天签字，不仅能减免设备费，还能优先获得好位置的店铺。这种紧迫感让晓丽开始焦虑，担心错过了这个机会会后悔一辈子。

在这种情况下，晓丽心动了。她匆匆看了合同，觉得没什么问题就签了字，并交纳了10万元的加盟费。她没注意到合同中的一些模糊条款，比如"总部提供扶持"的内容并没有具体说明，也没有明确的退出机制。她心想着，既然总部已经承诺提供一切支持，那她不用担心这些细节。

回到家后，晓丽便开始等待总部的支持。然而，过了几天，客服告诉她，店铺的位置选定在一个并不繁华的区域。她

小生意大收益

心里有些疑虑，但客服安慰她说："这个地段发展潜力大，现在的租金便宜，未来的升值空间很大。"晓丽虽然有些不安，但还是选择相信总部的判断。

接下来是装修阶段，晓丽发现装修团队效率低下，工期一拖再拖，甚至有些设备根本没有按合同承诺的送到。她多次打电话催促，总部却总是以各种理由推脱。

好不容易店铺开业了，晓丽满怀期待，但现实却给了她重重一击。原本总部承诺的开业促销和宣传并没有到位，店铺的位置偏僻，人流量少。即便她自己做了很多宣传，客流依然稀少。每月的房租、人工成本让她感到压力巨大，而总部提供的"帮助"也越来越少。她联系总部希望得到更多的支持，但得到的回答是："市场情况不好，您需要自己多做些努力。"

几个月后，晓丽的店铺始终没有起色，她的积蓄几乎耗尽，不得不向亲友借钱维持运营。最后，她的资金链断裂，不得不关门。直到关店后，晓丽才意识到，所谓的"全程扶持"不过是一个幌子，根本没有实际帮助。她当初参观的那些"成功加盟店"也只是总部精心打造的样板店，根本不代表真实的市场情况。

晓丽陷入了深深的后悔中，她不仅损失了10万元的加盟费，还背负了巨额债务。

为避免陷入类似的陷阱，创业者在选择加盟项目时，应该

第一章
找到属于你的商机

采取以下策略：

1. 网络调查摸底

如果晓丽在签约之前进行了更深入的网络调查，结果可能会大不相同。创业者在决定加盟之前，必须充分利用互联网搜索品牌的历史、口碑以及其他加盟商的运营情况。如果在搜索结果中只看到广告，而没有看到实际用户的反馈，这本身就是一个警示信号。创业者可以通过使用品牌名称和"加盟""投诉"等关键词进行组合搜索，甚至使用"公司名＋骗子"的搜索组合，来查看是否有负面评价或投诉。

另外，创业者还应保持独立思考，对网络上获取的信息进行分析。没有负面信息并不一定意味着公司可靠，可能是公司通过技术手段删除了不利内容，但如果负面信息满天飞，则是一个极大的风险信号。

2. 警惕过高回报的诱惑

要警惕那些承诺高回报的加盟项目。纵观大多数加盟骗局，通常都有一个共同点，那就是广告宣传过于夸张，令人眼花缭乱。那些煽动性的描述，如"投入十万，年利润百万"或"几个月内回本"等，描绘了一幅极具诱惑力的画面。但专家指出，这类超高回报的承诺本身就值得怀疑。

正规的连锁加盟并不是通向巨额财富的捷径。虽然加盟项目可以通过品牌的力量降低创业风险，但这种降低的风险往往伴随着利润的折扣。换句话说，如果风险低，收益也不可能特别高。若真能实现如此高的回报，总部为何不自己开直营店，或者去寻求风险投资呢？

质疑不合理的高回报。某个加盟项目承诺低投入、高回报，特别是短期内的暴利，创业者需要保持高度警惕。在正常的市场规律下，回本和盈利都需要时间，任何过于夸大的承诺都可能是陷阱。高收益通常伴随着高风险，如果一个项目宣传既无风险又有高回报，可能存在严重虚假宣传。要记住，世界上没有轻松赚钱的捷径。

3. 独立调查，验证真实情况

晓丽在考察时完全依赖于总部安排的"样板店"参观，而没有进行独立调查。可靠的加盟品牌应愿意提供现有加盟店的名单，让潜在加盟商可以进行独立考察。如果品牌方拒绝提供相关信息，通常是个危险信号，表明他们可能在掩盖实际情况。

创业者应尽量避免仅依赖品牌方安排的考察路线，而是自行选择加盟店实地考察，观察真实的店铺运营状况和客流量，并与现有加盟商进行深入沟通，了解品牌的实际支持力度和市场表现。

4. 合理签订合同，保障自身权益

晓丽在签署合同时没有仔细审阅合同中的条款，尤其是关于总部扶持和退出机制的部分。在签订加盟合同时，创业者务必要详细阅读所有条款，确保对方口头承诺的优惠和政策都写入合同，以免日后产生纠纷。同时，合同中必须设有明确的退出机制，以便在经营失败时，创业者能够及时止损，避免更大的损失。

另外，建议在签署合同前寻求专业律师的帮助，确保合同条款对自己有足够的保护，避免陷入不合理的违约条款或隐形加盟费用的陷阱。

加盟并不是快速致富的捷径，而是需要谨慎评估和深入调查的决策。通过采取网络调查、独立考察、合理签约等措施，创业者可以有效规避加盟中的风险，提高成功概率，真正实现"小生意，大收益"。

警惕掉入"小生意致富"的骗局

在如今的市场上，充斥着各种"邀你共创大业"的广告和宣传，似乎只要花点小钱，创业致富就唾手可得。然而，现实并非如此，许多所谓的"致富"机会往往隐藏着诸多陷阱。以下是一些常见的致富骗局及其运作方式，创业者和投资者应时刻保持警惕，避免上当受骗。

1. 免费供种

近年来，一些所谓"免费供种"的广告频繁出现在媒体上。通常，当你联系对方后，他们会以邮寄包装费、技术合作费或公证费为由，要求先支付一定费用。你可能会收到一些低质量或毫无价值的种子，甚至有的公司收到款项后便不再联系。所谓的"免费供种"不过是诱导消费者上钩的一种伎俩，千万不要相信天上会掉馅饼。

2. 高价回收

一些广告打着药材研究所或药材市场的旗号，声称提供药材种子，并承诺高价回收。这些广告通常会夸大某些药材的市场需求和收益潜力，鼓吹每亩药材产值可以高达数万元，诱使不明真相的人参与。然而，很多所谓的"高价回收"承诺，都是幌子，目的是销售种子和种苗，并不会真的进行回收。

3. 来料加工

"来料加工"骗局常以高额的加工费和产品回收为诱饵，要求参与者先支付保证金。广告声称，只要交保证金，就能免费领取加工材料并享受高额回报。然而，等你组装好产品后，对方常以"产品不合格"为由拒绝回收，目的就是骗取你的保证金。

4. 联营办厂

一些"厂家"通过报刊等途径发布联营广告，宣称只要购买他们的加工设备并缴纳押金，就可以免费领取原料并进行生产，厂方承诺回收产品。然而，实际操作过程中，厂方常常会以"产品不合格"为借口拒绝回收，甚至搬离原地，消失无踪。这类骗局的目的在于出售劣质设备和骗取押金。

5. 藏品回收

不少广告声称可以通过回收古钱币、像章等物品致富，并诱导投资者购买其提供的相关资料或藏品。他们鼓吹这些物品在市场上能卖出天价，实则只是为了引诱你高价购买毫无价值的物品资料，根本不会进行实际的高价回收。

6. 特种养殖

一些广告商利用农民致富的迫切需求，以签订合同、法律公证、保证回收为诱饵，推销特种动物品种。然而，这些品种常常在市场上尚未形成稳定需求。广告商利用特种养殖的时间差，在短期内大量出售种苗，待大量资金到账后卷款潜逃。

7. 专利技术转让

一些组织或个人通过所谓的"专利技术转让"进行欺诈。他们声称拥有国家专利技术，诱导你支付技术转让费。然而，这些所谓的专利技术往往未经验证或根本无实际价值。很多受骗者在花费巨资购买技术后发现，生产出的产品无法达到标准，专利信息也无法在专利局查询到。

8. 致富机械

近年来，各种致富机械频繁出现在广告中，许多供应商承诺提供全方位的服务，包括技术培训、市场营销等。然而，其中一些厂商只是通过虚假宣传，夸大设备性能，出售劣质机械。投资者在购买设备后发现，所谓的"高回报"根本无法实现，而设备本身也问题重重。

9. 虚拟货币骗局

一些虚拟货币项目声称可以通过购买他们的代币在短期内获得巨大回报，甚至宣称是"下一代比特币"。这些项目大多是无实际价值的庞氏骗局，操盘者利用虚假的技术宣传吸引投资者，待资金大量涌入后，卷款潜逃。

10. 快速致富课程或项目

网上有不少号称通过"特殊技巧"或"神奇系统"可以帮助你快速致富的培训课程或项目。这类骗局通常要求学员先缴纳高额的学费，但其培训内容往往只是一些浅显的概念，毫无实际操作价值。课程结束后，学员可能无法实现他们所承诺的收入，而这些培训机构会以"学员未充分掌握"为借口推卸责任。

以上提到的各种致富陷阱在市场上时有出现，提醒广大投资者在面对这些诱人的"商机"时，一定要保持高度警惕。不要轻易相信看似美好的广告宣传，投资前应进行充分的市场调

第一章
找到属于你的商机

研与核实。如果在交易过程中感到有任何不对劲的地方,要及时停止交易并保护自己的资金安全。如果不幸上当,保留好证据,并向工商部门或派出所寻求帮助。

最重要的是,要记住一句老话:"天上不会掉馅饼。"致富需要脚踏实地,不要被快速致富的假象所迷惑。理性投资,谨慎行事,才能避免陷入这些精心设计的骗局。

第二章 小生意创业者要具备的大思维

大思维是小生意创业者在商业成功之路上不可或缺的指南针。它要求创业者以全局视角审视市场,用创新思维突破常规,用长远眼光来规划未来。小生意创业者如同细心的园丁,需要融合耐心与智慧,不断学习和适应变化,精心培育企业。

第二章 小生意创业者要具备的大思维

◎ 小生意也离不开资金的支持

从生意开张的那一刻起,你的生意就进入了计时状态。你必须确保在资金耗光之前,让生意具备盈利能力。

不论你涉足何种行业,都有一个启动阶段。在小生意真正开始盈利之前,你必须拥有充足的资金来保障其能够平稳度过这一时期。若无法确保资金的持续供应,无论初期做了多少努力,最终都可能一无所获。因此,在创业之前,你要精确计算这个生意所需的资金需求量,力求做到未雨绸缪。

创业所需的资金包括多个方面,主要有以下几点:

1. 启动资金

启动资金包含首次缴纳的租金、装修、设备、库存、广告等费用,这些都是启动生意时必须要考虑的。事实上,几乎每一笔资金预算,最后都会超支。筹备过诸如装修、婚礼的人都知道:实际花费总会超出当初的预算,总是会比先前的预算多——无论你的预算是5万还是10万。根据经验,小生意的启动阶段经常会遇到预算超支的情况,因此保留额外的资金是明智之举。所以,将实际预算乘以120%来应对超支情况是非常合理的。

2. 运营费用

很少有生意能在第一个月就达到收支平衡。在经营初期，收入往往不足以覆盖支出，尤其是当业务增长速度较慢时。这段时间需要持续投入资金。这就如同在烧一壶水，在水没有烧开之前，需要持续投入"柴火"，否则就会前功尽弃。

运营资金包括员工工资、材料采购、日常开销、租金、水电等。根据行业的不同，预留的运营资金也不同。通常来说，需要留出 3～6 个月的运营资金，或者将你预估的运营资金乘以 120%，是比较科学的。

3. 收入预估

在生意刚开始的时候，收入可能会低于你的预期。因为很多顾客对你的业务和品质都不够熟悉，需要经过一段时间才能慢慢建立起信任。在对业务收入进行预估时，建议将预估收入乘以 80%，这样得出的结果会更接近实际情况。

4. 计算资金需求量的公式

为了帮助读者简化资金需求的计算，这里提供一个简化公式供参考：

资金需求量 = 启动资金 ×120%＋运营资金 ×120%－业务收入 ×80%

按照这个公式准备好资金，可以避免生意因资金短缺而失败的遗憾。

第二章
小生意创业者要具备的大思维

◎ 筹措到一笔可观的创业资金

小生意的启动或许只需要几万元甚至更少的资金。一个小小的摊位、一家迷你的网店，或者一间精巧的工作室，这些看似不起眼的小生意，却可能是创业者们倾尽全力的开始。然而，即便初始投入有限，随着生意的推进，各种意想不到的开支也会接踵而至。采购原材料，支付租金、员工工资、市场推广费等，每一项都像是一个小小的资金黑洞，不断吞噬着有限的资金储备。

"一分钱逼得好汉低头"，当资金短缺的困境出现时，创业者们往往陷入深深的焦虑与无奈之中。那么，如何迈过缺钱的这个坎儿呢？

1. 找亲戚朋友借钱

"手头紧张，亲友来帮"，这大概是很多创业者在遇到资金难题时的第一反应。因为有血缘或友情作为"背书"，向亲朋好友借钱通常不会太困难，而且借钱的成本也比较低（有的甚至连利息都不要，即便要，利息一般也不高）。

小张家里条件一般。大学没念完就去了上海打拼，公司包吃包住，月薪5000元。三年后他辞职回家，掏出5万元的存折，又从亲戚朋友那里借了5万元，买了辆二手小货车做起了快递生意，如今过得风生水起。

为什么家里条件一般却还能借到 5 万元钱呢？关键就在于他自己攒了 5 万元。虽然不多，但亲戚朋友们相信这个月薪 5000 元且能在三年攒下 5 万的小伙子。所以，人一定要有诚信，让别人愿意相信你。哪怕你的收入不高，存下的那点小钱也能帮你赢得信任。

2. 银行贷款

小本生意创业者想从银行贷款并不容易。但如果你手里有值钱的东西可以抵押，或者有信得过的人愿意给你担保，那这件事就简单多了。比如，拿房子做抵押，或者找个有信誉的人给你担保。

抵押和担保贷款都属于个人贷款，只要你的抵押物和手续合法合规，银行一般不会过问钱的具体用途。不过，无论是抵押还是担保，这里面的风险可不小。万一你的生意没做成，你可能会失去抵押的东西，或者连累担保人。所以，向银行借钱创业必须三思而后行。

3. 合伙筹资

合伙筹资和合伙创业并不是一回事。合伙创业是找那种能一起吃苦的搭档，合伙筹资则是找那种看好你生意的"金主"。一般来讲，创业初期的利润并不高。除非你的项目有着极为广

第二章
小生意创业者要具备的大思维

阔的发展前景,否则最好不要仅仅为了筹钱就轻易找人合伙。

小沈一直想做个小本生意,但是个人的资金不足,于是他拉上一个朋友一起合伙开了一家小咖啡馆。他们总共投入了20万,其中他朋友投资10万,占股50%,依旧照常上班,而小沈则全身心地投入到咖啡馆的经营当中。这样的合作模式又能持续多久呢?结果不出所料,他们很快就将咖啡馆低价转手,随后分道扬镳了。

当我们为了生意的发展而四处筹钱时,或许会觉得只要资金到位,一切问题都能迎刃而解。我们可能想象着用这些资金去扩大规模、进行大规模的市场推广、提升产品品质等。但实际上,生意的成功远非资金这一个因素所能决定的。

4. 供应商融资

在零售行业,有些货是可以先卖后结账的,或者给予一个账期日后再还的。在制造行业,有些原材料也能跟供应商赊账。不过,大多数供应商对新开的小店都会比较谨慎,就算给予一点优惠,也不会太多。但是,只要你慢慢建立起信誉,他们对你的支持也会越来越有力。

对于小本生意者来说,资金短缺是个绕不开的坎。想要让生意兴隆,就得想办法把钱袋子鼓起来。不管是找亲戚朋友帮忙,还是与银行打交道,或者找个合伙人一起干,甚至是跟供应商和客户搞好关系,这些都是途径。

但要记住,每条路都有它的缺点,走的时候得小心谨慎。筹钱不易,别让一时的冲动,换来长久的悔恨。

将生意变成大家的小生意

"众筹"就好比是:我有个主意,想请大家凑份子支持我把它变成现实!这不仅是一种经营策略,更是一种价值观。当把生意变成大家的共同事业时,我们就会汇聚起更多的智慧和力量,创造出更大的价值。

但问题是,"大伙儿"为什么要掏腰包支持你呢?

众筹最早就是那些怀揣梦想但手头紧的艺术家们,为了把作品变成现实,向大伙儿筹钱的一种法子。如今,这招儿也被不少创业新手和有想法的个人学去了。他们通过众筹来给自己的点子或者项目拉资金。就好比那个火遍大江南北的"很多人的咖啡厅",就是用这种办法,让一群有共同梦想的人凑份子,一起把一个咖啡厅给开了起来。

2012年9月15日,姚博想起现在国内的食品安全问题,脑海里出现了一个"吃货的梦想"——在网上部分集资,办一家很多人的绿色食品餐馆。姚博在博客上发出"我们的饭馆"

第二章
小生意创业者要具备的大思维

商业计划,以5000元出资为1股,10股封顶为限。没想到仅7个小时,就收到了600多名网友的响应,400万元的资金已经汇到姚博账户上。

姚博在商业计划里规定,所有参股的股东,必须放弃对于餐厅以及公司的经营管理、投票等权利,只保留建议权。成立的公司和饭馆,都由姚博和他找的"吃货"朋友来打理。姚博则发给出资人一张股东卡,股东来餐馆吃饭可以打折,并且可以通过股东号码等在网上查询定期公布的餐馆经营情况等信息。

饭馆盈利后,公司留下盈利的50%供发展,其他按照股份比例分给大家。"假设有股东不满或要退股,我立马就把他的股份盘下。"姚博的这股豪爽气和他在网络上的名气,或许就是很多陌生出资人敢于试一试的原因。"花小钱成为一家饭店的股东,很新鲜很好玩。就算5000元钱买一张会员卡好了,收不回成本也没关系。"不少股东抱着这样的想法。姚博在金泉美食宫盘下了一个原名"山里江南"的餐馆,正在按他的设计进行装修,店面规模着实不小,复古的廊檐上挂着一排排红灯笼。工作人员说,今后"我们的饭馆"将供应云贵口味菜品,食品及全部辅料都出自无污染的农场。

"凑份子"做买卖,对刚起步的小生意创始人来说还是个营销的大招。通过"凑份子",你还没把货摆上货架,就能提前探探市场的底，看看大家对你的产品买不买账；在筹钱的过程中，跟顾客的互动还能帮你把产品打磨得更合人心，把计划做得更周全。

众筹用"团购+预购"的形式，向网友募集项目资金。众筹利用互联网和 SNS 传播的特性，让小生意创业者、艺术家或个人向公众展示他们的创意，争取大家的关注和支持，进而获得所需要的资金援助。

现代众筹指通过互联网方式发布筹款项目并募集资金。相对于传统的融资方式，众筹更为开放，能否获得资金也不再是由项目的商业价值决定。只要是网友喜欢的项目，都可以通过众筹的方式获得项目启动的第一笔资金，为更多小本经营或创作的人提供了无限的可能。

1. 众筹的特点

（1）低门槛。不受身份、职业、年龄等限制，只要有创意和能力，都可以通过众筹平台发起项目。

（2）多样化。众筹项目类型丰富多样，包括设计、科技、音乐、影视、食品、漫画、出版、游戏等多个领域。

（3）依靠大众。支持者通常来自普通群众，而非大型组织或风险投资人。

（4）注重创意。发起人需要有可展示的创意成品或设计，才能通过平台审核，而不仅仅是一个简单的构思。

2. 众筹的组成

（1）发起人。有创意但缺乏资金的人，通常是项目的策划者和执行者。

（2）支持者。对项目感兴趣，并愿意给予资金或其他方式支持的人。

（3）平台。众筹的中介，连接发起人和支持者，提供展示和交易的渠道。

3. 众筹的基本规则

（1）吸引人的回报机制。回报设置应尽量多样化且与项目紧密相关，提供三五种不同的回报选择，让支持者感到物有所值。

（2）项目包装。有视频的项目通常比没有视频的项目更具吸引力，因此通过视频展示项目是个有效的策略。

（3）定期更新。项目进展的持续更新能增强支持者的参与感，并激励他们向更多人宣传项目。

（4）感谢支持者。通过邮件或公开鸣谢，给支持者更多的归属感，增加他们的参与兴趣。这也是许多发起人容易忽略的环节。

高利贷会吞噬你的小生意

高利贷就像隐藏在黑暗中的陷阱，看似能在关键时刻提供资金支持，实则是一把锋利的镰刀，注定收割你所有的财富。例如，一家小杂货店为了进货而借了高利贷，随着时间的推移，利息不断累积，即使杂货店的销售额有所增长，但扣除高额利息后，所剩无几，甚至可能出现亏损。

高利贷就像一个隐藏在黑暗中的恶魔，会让你陷入更深的泥潭，随时准备吞噬你的小生意。

1. 高利贷看似"及时雨"，实则是"洪水猛兽"

高利贷的诱人之处在于其放款速度快、手续简便，不像银行贷款那样需要经历烦琐的审核流程，甚至有时无需抵押物。然而，在这看似方便的表象背后，隐藏的却是高额的利息与无尽的压力。高利贷的年利率通常是银行贷款的好几倍，即便你在短期内能够偿还本金，那高额的利息也会让你不堪重负。

小李在市中心开了一家餐馆，起初生意颇为红火，但后来由于要扩张店面，急需一笔资金。银行贷款审批缓慢，他一时心急，便借了30万元的高利贷。刚开始，他觉得只要生意好，利息稍高一点也无所谓。然而，几个月下来，餐馆的生意并没有像预期那样火爆，所获利润根本不足以支付高额利息。最终，利息如滚雪球般越滚越大，小李不仅无力偿还，还因欠债问题，被迫关闭了餐馆。

高利贷就如同一颗炸弹，只会让你陷入更深的困境。

第二章
小生意创业者要具备的大思维

2. 高利贷的"滚雪球效应"

高利贷的利息通常以复利形式计算，这意味着你每个月不仅要偿还利息，还要承担利息所产生的利息。刚开始，你可能觉得还能承受，但随着利息不断叠加，债务会像雪球一样越滚越大，到最后，你可能连利息都无力偿还，更别提本金了。许多借高利贷的人正是在这种"滚雪球效应"下，陷入了无法挽回的困境。

王先生经营着一家小型零售店，生意一般。当遇到资金周转困难时，他选择借了高利贷。当时，他觉得只要熬过一个淡季，店里的生意就能恢复，但没想到高利贷的利息压得他喘不过气来。利息越滚越高，短短几个月，他欠下的债务就远远超出了最初所借的金额。最终，他不仅关闭了店铺，还欠下了一大笔债务。

高利贷并非救命稻草，而是沼泽，只会越陷越深。

3. 高利贷带来的心理压力

创业本身就已让人压力巨大，资金周转不灵更是让人夜不能寐。如果你再借高利贷，利息压力与经营压力叠加，会让你的心理承受能力迅速崩溃。很多小生意失败的根源，除了资金问题之外，更多的是因为借了高利贷后，心理压力过大，做事

小生意大收益

失去了冷静的判断，最终导致决策失误，生意失败。

小张的服装店刚开始经营得不错。但有一次，他为了进一批新品借了 10 万元的高利贷。随着利息越来越多，他的店铺收入根本无法覆盖债务，在压力之下，小张的情绪越来越不稳定，开始作出一些错误的决策，比如压低价格、盲目进货，结果不但没有增加收入，反而亏得更厉害。最后，小张彻底失去了经营信心，店铺也走向了倒闭。

从借高利贷的那一刻起，心理压力就开始蚕食你的理智，让你一步步走向深渊。所以，情况再紧急也别碰高利贷，遇到困难，要冷静处理，总能找到出路。高利贷看似能解燃眉之急，但事实上它的后果往往是毁灭性的。

对于做小生意的创业者来说，资金问题确实是常见的难题，但千万别因为一时心急而选择高利贷。无论何时，都要坚守"永远别碰高利贷"的底线。通过合法、正规的渠道解决资金问题，才是创业的长久保障。

别为了今天的资金缺口，拿明天的生意去冒险。别碰高利贷，给自己留一条安全的路。

第二章
小生意创业者要具备的大思维

◎ 小生意才需要一招制胜

小生意需要从"小"处着手,但这并不意味着小生意仅仅是单纯的"买和卖"这么简单。在做生意这件事情上,存在一个关键的"黄金法则"。在这个法则当中,最为重要的因素既不是你拥有多少本钱,也不是你手下有多少员工,而是取决于你运用什么样的商业模式。所谓商业模式,实际上就是你获取利润的途径,也就是依靠何种方法把钱赚到自己手中。对于同样的生意来说,采用不同的赚钱方法,其结果将会有着极大的差异。如果方法正确得当,那么赚钱就会非常顺利;可要是方法出现错误,做起来就会特别费劲。对于小生意来讲,这一点尤为关键。小生意如果想要迅速获得消费者的认可,就需要有一个能够一招制胜的策略。

老李是个地道的茶艺师,凭着对茶文化的热爱,2018年在城中开了个小茶艺培训班。起初,跟别的培训班没什么区别,老李天天忙着打广告、招学员、上课,赚的就是那些学费。虽然生意还算稳定,但一个月下来,累得脚不沾地,也就挣个几千块,日子过得紧巴巴的。

老李琢磨着,这样下去不是长久之计。他看着这些来来去去的学员,心里盘算着怎么让生意有点新花样。后来,他灵机一动,想出了个新法子:不收学费,学员只要在他这儿买套茶具,就能免费学茶艺。这个模式一推出来,生意一下子就有了起色。

看着生意越来越好,老李开始跟茶具工厂谈合作。因为走货量大,茶具工厂给了他非常大的优惠。老李的利润又增加了。

经常有学员要老李推荐茶叶,他又干脆自己开了一家茶叶店。这个店用的是茶艺培训班的空余房子,房租基本可以忽略。因为只做学员的生意,也不需要专门雇人看店。所以,他的茶叶尽管售价远低于同行,但利润还是相当可观。

经营了一段时间后,逐渐有顾客推荐其他人来购买茶叶。有些购买茶叶的人顺便又报名了培训班。老李看时机成熟了,干脆将免费学茶艺的前置条件都取消了。商业模式改成了:通过培训引流,客户自愿购买茶具与茶叶。

当然,生意大了,竞争也来了。好几个同行看老李做得顺风顺水,也跟着学。但老李不怕,他不断更新茶艺课程,还定期举办茶艺体验活动,培养老客户的忠诚度。每次活动都有不少人来,老李在当地的名气也打出来了。

靠着独特的商业模式,老李不光扩大了生意,还做出了自己的品牌。虽然起初只是个小茶艺班的创始人,但现在,老李凭着脑子灵活、敢想敢做,把小生意越做越大,成了当地生意人的榜样。

第二章
小生意创业者要具备的大思维

一个原本惨淡经营的茶艺培训班,因为换了个商业模式,短短几年就做大了。这种例子不在少数。就像现在有些销售热水器的厂商,针对人口密集的工厂、学校、小区,推出免设备费、按使用量收取热水费的模式。这种"不卖热水器卖热水"的模式,得到了很多单位的拥护。以学校为例,原本几十万的安装费一分不用出,就能让学生享受到即时热水。而销售热水器的厂商,则把热水器变成了细水长流的现金"奶牛"。

小生意赚钱靠的不是商品,而是靠一招制胜的商业模式,才有持续发展的可能。有些小餐馆推出"饮料无限畅饮"这样的噱头。从表面上看,餐馆显得很大方,让顾客可以随意饮用饮料,也因此吸引了不少人前来就餐。然而,实际上餐馆会通过其他一些方式把成本补回来,例如,在菜品上做文章,价格稍微高一点。这样的话,虽然顾客觉得在喝饮料方面占了便宜,但餐馆依靠其他方面的收入,依旧能够把成本赚回来。这种经营模式,从表面上看好像是在给顾客让利,但实际上却是变相地增加了盈利点。

好的商业模式虽然多种多样,但都具有以下几个核心特点:

1. 产品要直击需求

成功的商业模式往往能够精准抓住客户的强烈需求,并给出简单易行的解决方案。例如,小李开了一家社区便利店,主要推出"半小时到家"的生鲜配送服务,这就解决了上班族买菜不方便的难题。产品虽然看似简单，却能准确地满足客户的实际需求。

2. 执行要高效

商业模式越简单、直接，在执行的时候就会越顺畅。例如，某家小餐馆不再使用繁杂的菜单，而是推出"爆款套餐"，这样不仅大幅减少了顾客点餐的时间，还能够提高餐馆的翻台率。与其追求烦琐复杂，不如将整个流程简化，减少中间环节。

3. 创意要可持续

一个好的创意能够长久地带来收益，避免因为不断推出新创意而带来的高成本。就像某家咖啡店推出会员制，顾客每月固定付费后，就可以无限次免费续杯。这种模式不仅能够锁住老顾客，还可以持续带来现金流，无须频繁地策划促销活动。

4. 低成本扩张

好的商业模式还需要具备低成本复制的潜力。例如，蜜雪冰城采用"直营连锁为引导，加盟连锁为主体"的模式，迅速扩大了门店数量。通过较低的加盟费用和灵活的加盟政策，吸引了大量创业者加入，形成了强大的加盟网络。为了降低原材料成本，蜜雪冰城自建了供应链体系，包括原料采购、生产和物流。通过与农户直接合作，蜜雪冰城能够以较低的价格获得新鲜原料，从而保持产品的性价比。蜜雪冰城主要集中在三、四线城市和大学城，充分利用这些市场的消费潜力。通过在这些区域开设门店，蜜雪冰城能够以较低的租金和运营成本，实现快速扩张。

这样的模式设计不仅能够让生意稳步增长，还能在市场上快速占据优势，不用依赖过多资源就能迅速扩张，这才是真正有商业头脑的生财之道。

5. 有一定的门槛

开小店如果没有一点独门秘籍，就如同发现了新大陆的探险家。你挖到了金子，大家都会跑来分一杯羹。有时候，你辛辛苦苦开辟的道路，别人轻轻松松就跟着脚印走，摘了你的成果。所以，必须设置一些门槛，不能让自己的好点子轻易被别人学去。

6. 模式需要打磨升级

为什么有的小买卖总是做不大？为什么以前赚钱的方法现在不灵了？为什么店面增多了，钱却没有跟着增加？这些都是小生意创始人们感到头疼的问题。如果前几年生意还不错，路子也走得顺，客户也比较稳定，那么接下来就应该考虑如何扩张了。但是很多创始人在扩张的时候就会乱了阵脚，一旦资金链断裂，生意越大，麻烦就会越多。

从小生意开张到做大做强，商业模式的打磨和升级都必须时刻放在心上。如果搞不清楚怎么赚钱，或者赚钱的方法太容易被人模仿，那么生意迟早会失败。市场就像天气一样，说变就变，竞争也如同打仗一般，十分激烈。虽然危机四伏，但也隐藏着转机。

商业模式没有一成不变、一劳永逸的，任何商业模式都是阶段性的，需要不断迭代、持续创新。不少小店开了十几年，生意遇到了天花板，规模虽然上去了，收入却没有跟着增长，特别是在那些竞争白热化的行业里，大家都在卖差不多的东西，创新难度大，最后就会沦落到打价格战的地步。这时候，重新思考怎么赚钱，怎么调整赚钱的方法，就成了打破僵局的关键。

市场是动态的，顾客的口味也是不断变化的，老套路可能跟不上新潮流。小生意必须学会随机应变，不断调整商业模式，这样才能在激烈的市场竞争中立于不败之地。

◎ 有营业执照的生意更容易获得顾客的信任

做生意需要进行工商注册。适合小生意的有个人独资企业、合伙企业和有限责任公司以及个体工商户。每种形式都有其优缺点，创业者应根据自身资源、经营目标和风险承受能力来综合评估。无论选择哪种形式，都需要了解相关的法律法规，并在此基础上合理规划，确保企业的长期稳健发展。

1. 个人独资企业

个人独资企业是由一个自然人投资，财产归投资人所有，投资者对企业债务承担无限责任的一种经营实体。这种形式具备以下优点：

（1）组建简单。注册要求宽松，初期资金投入较少，创业者可以从小规模开始。很多创业者甚至可以在家里或兼职运营。

（2）完全控制。投资者拥有对企业的绝对决策权，无须与他人商量或获得他人许可，经营上具有高度的自主性。

（3）利润归属单一。所有盈利归个人所有，创业者无须与其他人分享企业利润。

（4）灵活性高。创业者无须向他人公开经营情况，享有较高的私密性。

（5）享受税收优惠。部分地区为个人独资企业提供税收优惠和财政补贴。

当然，个人独资企业也有其缺点：

（1）无限责任。作为独资企业的投资人，你必须以个人财产偿还企业债务，企业的亏损可能会导致个人财务危机。

（2）缺乏支持。所有经营决策和风险都由个人承担，无法获得合伙人的帮助和支持。

（3）信誉有限。独资企业不具备独立法人资格，信誉相对较低，可能无法参与某些招标或大型商业活动。

2. 合伙企业

合伙企业是由两个或两个以上的自然人、法人或组织根据

《中华人民共和国合伙企业法》共同出资经营、共负盈亏的企业形式。合伙企业有以下优势：

（1）资金汇集。通过合伙人的资金、资源和技术合作，合伙企业在初期阶段可以获得更多的资金支持。

（2）优势互补。合伙人可以在不同领域发挥特长，合作共赢，提升企业的整体竞争力。

（3）税收优势。合伙企业按照个税标准纳税，避免了企业所得税，税务负担较轻。

合伙企业的缺点也不容忽视：

（1）无限连带责任。所有合伙人都须承担无限连带责任，一旦企业出现债务，所有合伙人都可能面临巨大的风险。

（2）信任与合作风险。合伙人之间的信任和合作是合伙企业成功的关键。但在实际运营中，利益冲突和意见分歧可能引发矛盾，影响企业运营。

（3）冲突隐患。合伙人之间在企业管理上的分歧可能导致决策困难，影响企业的发展。

3. 有限责任公司

有限责任公司是根据《中华人民共和国公司法》注册成立，由五十名以下股东出资设立，每个股东以其出资额承担有限责任，公司则以其全部资产承担债务。这种企业形式的优点包括：

（1）有限责任。股东的责任仅限于其出资额，不必动用个人财产偿还企业债务，风险更可控。

（2）信誉度高。有限责任公司具备法人资格，在商业活动中比个人独资企业和合伙企业更具信誉，容易获得客户信任。

（3）管理结构清晰。有限责任公司通常有明确的管理制度，企业运营相对规范，减少了人为的矛盾和混乱。

（4）开放性强。公司可以通过增加投资、股份转让等方式筹集资金，股东的退出也比较灵活。

然而，有限责任公司也有一些不足：

（1）注册流程复杂。相比独资和合伙企业，有限责任公司的注册手续更加烦琐，需要准备很多资料并通过相关部门的审核。

（2）运营成本较高。公司管理严格，要求提供独立的财务报表和接受年度审计，这会增加运营成本。

（3）双重纳税。有限责任公司需要缴纳企业所得税，股东个人还需缴纳分红所得税，税负较重。

4.个体工商户

个体工商户是指由公民个人或家庭依照《个体工商户登记管理办法》在国家规定的范围内，从事工商业经营活动的经济实体。这种企业形式非常适合创业初期规模较小、资金有限的个人或家庭，它具有简单易行的特点。个体工商户的优点如下：

（1）注册程序简便。个体工商户的注册手续相对简单，费用低廉。创业者只需向工商部门提供基本资料即可办理营业执照，不需要复杂的公司章程或财务审核等要求。

（2）经营灵活。个体工商户在经营上具有较大的灵活性。它可以根据市场需求快速调整经营内容和策略，决策效率高。此外，其经营范围较广，不仅可以涉及商品买卖，还可以提供服务或技术支持。

（3）税费负担较轻。个体工商户可以享受税收优惠政策，适用较低的税率，通常以"定额税"或"核定税"方式缴纳所得税，税务负担相对较轻，特别适合初创企业或小型商户。

（4）自主权高。个体工商户对企业拥有完全的自主权，无须与他人协商或共享决策权，可以快速应对市场变化，灵活制订经营计划。

（5）适合家庭经营。个体工商户非常适合家庭成员共同经营。这种家庭式的合作可以提高信任度，降低人力成本，进一步增强企业的竞争力。

相应地，个体工商户也有缺点：

（1）承担无限责任。个体工商户须对企业债务承担无限责任。这意味着如果企业经营不善，导致负债，个体工商户将以个人财产承担偿还责任。这在一定程度上增加了个人的财务风险。

（2）融资渠道有限。由于个体工商户的规模通常较小，信用度较低,很难从金融机构获得大额贷款或投资。这会在企业发展到一定阶段时,限制其扩大规模的能力。

(3)企业信誉有限。与有限责任公司相比,个体工商户的市场信誉较低,很多大企业和政府招标项目更倾向于与公司类型的企业合作。这会在某些商业场景下限制个体工商户的业务扩展机会。

(4)难以分工合作。个体工商户通常是由个人或家庭成员经营,管理和经营的责任集中在个人身上,容易造成工作负担过重。如果没有适当的分工合作机制,个人可能在管理、生产、营销等多个方面面临压力,影响企业长远发展。

谨慎选择你的合伙人

如果觉得个人的力量显得有些不足,那么有必要考虑寻找一个合伙人。不过,在寻找合伙人的时候,一定要像寻找结婚对象那样谨慎小心。良好的婚姻就如同一双优质的鞋子,穿上它能够在人生的道路上平稳且快速地奔跑;而失败的婚姻则如同一双蹩脚的鞋子,穿上它有时候甚至还不如赤着脚走路来得好。不良的合伙关系,有可能会葬送一个充满朝气和前途的生意。

电影《中国合伙人》,被大家认为是"新东方创业传奇"的翻版。这部电影一上映,新东方的创业故事便又一次火了起来,同时也引发了关于合伙创业的热门讨论。俞敏洪、徐小平和王强，这三位北大的老同学、铁哥们，也是新东方的合伙人。他们一同努力打拼，虽然俞敏洪开玩笑说他们"天天吵架"，但新东方的生意却越做越大。然而，随着时间的推移，矛盾也逐渐增多，最后徐小平和王强退出了管理层。

总体而言，新东方的这三个合伙人算是比较成功的，但是更多的"中国式合伙"往往是以闹剧或者悲剧收场。那么，如何让合伙形成强大的合力呢？

1. "志同"才会"道合"

孔子说："道不同，不相为谋。"这就意味着得找一个跟你想法一致的搭档。为什么要这样呢？因为如果你们想法不一样，凑在一起商量事情的时候，商量来商量去，最后很可能会商量出一堆矛盾。

小林和小峰是从小一起长大的朋友，大学时又是读同一个专业，毕业后还都进入了同一领域——互联网开发。一年前，两人辞职，合伙开了一家互联网创业咨询公司。

在创业初期，两人充满干劲，但很快就在具体的经营方面产生了分歧。例如，在招聘员工时，小林觉得要高薪聘请有经验的技术人员，这样才能确保公司项目的质量；而小峰却坚持要省钱，认为可以雇用新人，只要培训几个月，成本低，效率也能上来。在客户选择上，小林倾向于挑选优质客户，以确保长期合作；但小峰则认为现在市场火爆，应该抓住机会，多接短期单子，快速赚一笔。

随着矛盾的不断加剧，小林逐渐意识到，问题的根源并不在于具体的分歧，而是在于两人的创业目标和动机不同。小林希望把公司打造成行业中有影响力的品牌，注重长期发展和口碑。而小峰的目标则更现实一些，他想趁着行业风口，快速赚钱，之后再转投其他热门行业。两人目标不同，导致在战略上始终无法达成一致，矛盾也频繁出现。

其实，他们的分歧并不是谁对谁错的问题，而是因为目标不同，所以策略也不同。如果创业合伙人之间的目标和动机不一致，那么在实际经营过程中，就会不断出现难以调和的矛盾。因为每个人的选择都有其自身的逻辑和道理，他们想走的路不一样。

因此，在合伙创业之前，最关键的是要摸清楚彼此的"志向"。只有志同道合，才能携手走得更远；如果目标存在分歧，只会在创业的道路上渐行渐远。创业不仅仅是资源的整合，更是目标和价值观的融合。只有在这一点上达成共识，合伙之路才有可能真正顺畅。

2. 取长补短，优势互补

以阿里巴巴的创始团队为例，马云是一个富有远见的战略家,他擅长从宏观视角规划企业的未来;而蔡崇信则是金融和法律方面的专家,帮助阿里巴巴在资本市场中抢占先机。在技术方面,张勇(逍遥子)是运营和技术的能手,他精通电商平台的运营细节,确保公司运营的顺畅。他们三人在战略、资本、技术上各有所长,实现了优势互补,共同推动了阿里巴巴的成功。

合作就像一支乐队,每个人都有自己擅长的乐器,只有各自发挥优势,才能演奏出和谐的旋律。一个优秀的团队,不仅能够让每个人的优势得到最大限度的发挥,还会通过协同合作,创造出每个人单独无法达到的合力。

最成功的合作往往是由不同背景和才能的人共同努力创造出来的。如果你擅长营销,他懂得技术;你是稳重务实的类型,他是开拓创新的先锋,互相补充、彼此激励,你们才能在合作中释放出更大的能量。

3. 权责分明,写入合约

许多合伙生意的失败,不一定是因为市场竞争激烈或者对手强大,而是被内部的模糊管理给拖垮的。很多合伙人在一开始的时候是基于友情、亲情甚至爱情的信任,觉得没有必要把责任和权利分得太清楚,认为"大家都是自己人,何必计较那么多呢"。然而,正是这种模糊的权责划分,给未来的运营埋下了隐患。

第二章
小生意创业者要具备的大思维

当合伙人之间的关系掺杂了友情或亲情时,在遇到具体经营问题时当事人往往不好意思直接沟通,担心会伤了彼此的感情。特别是涉及金钱利益的时候,原本牢固的感情基础也可能动摇。一旦出现利益纠纷,没有明确的合约和责任划分作为保障,再好的关系也难免会受到影响。

因此,合伙创业的原则是情归情,商归商。无论关系有多好,权责分配和利益划分都必须落实在书面合约中,明确各自的责任、权利以及未来可能出现的退出机制。这样做,不仅能够避免未来的矛盾,还能让合伙人之间的合作更加稳定长久。

一起做生意,可以"先小人,后君子",彼此之间要约法三章,起草一份合伙协议。这份合伙协议至少得有以下几条内容:

(1)先确定这门生意的发展方向;

(2)大家出多少钱,各占多少股份;

(3)每个人负责哪一块工作;

(4)谁没有尽到责任,会有什么后果;

(5)合伙干多久,如果有人想退出该怎么办;

(6)以后要是有新人想加入,有什么规矩;

(7)赚了钱怎么分,避免因为分钱而伤了和气。

除了这七条,如果你还有别的顾虑,都可以写进协议里。

小生意大收益

◎ 赚小钱靠个人，赚大钱靠团队

一个人的生意，展现出的是一种独立自主的奋斗精神，凭借着自己的一技之长、勤奋努力和敏锐的商业嗅觉，有可能在市场中找到立足之地。

例如，一位手艺精湛的木匠，通过自己精心制作的家具，在周边地区获得一定的订单，逐渐积累起一些财富。又或者一位勤劳的小商贩，每天起早贪黑地在街头巷尾售卖商品，以自己的毅力和耐心赚取着每一笔小额的利润。

但是，如果要开展一个较大的项目，这时，单靠个人的力量就显得捉襟见肘了。一个人的时间和精力是有限的，不可能面面俱到，而团队的力量在此刻就凸显出来了。如何合理组建团队并进行有效分工？这里有几点重要的经验分享给你。

1. 没有方向，谁都走不好路

无论是开个早餐店、奶茶铺，还是搞个家政公司，团队组建的第一步，都是先明确大家的目标。目标清晰，大家才知道朝哪个方向努力。很多小生意失败的原因，不是市场不好，而是团队没目标，各干各的，最后方向跑偏了。

在小镇的繁华街道上，有一家名为"味之源"的早餐店。这家店原本由李阿姨一手创办，多年来凭借着她的手艺和热

第二章
小生意创业者要具备的大思维

情,生意一直不错。然而,随着岁月的流逝,李阿姨渐渐感到力不从心,决定让儿子小李接手店铺。

小李年轻有为,满腔热血,他希望通过自己的努力和创新,让"味之源"焕发新的生机。然而,小李在接手后却犯了一个致命的错误——没有明确团队的目标。

一开始,小李想着要扩大经营范围,增加更多的早餐品种。他引进了一些新颖但制作复杂的早点,却没有考虑团队的实际情况。店里的厨师们对新品种并不熟悉,制作起来手忙脚乱,导致出餐速度大大降低,顾客等待时间变长,怨声载道。

与此同时,小李还想着要提升店铺的档次,进行了大规模的装修。然而,装修期间店铺无法正常营业,导致大量老顾客流失。而装修后的店铺虽然环境提升了,但早餐的价格也随之上涨,让许多原本忠实的顾客望而却步。

店里的员工们看着生意日渐冷清,心里都焦急万分。但他们却不知道该往哪个方向努力,因为小李从未明确告诉过他们团队的目标是什么。厨师们只顾着做自己擅长的早点,服务员们则"无聊"地应付着越来越少的顾客,大家各自为战,没有形成合力。最终,"味之源"早餐店在激烈的市场竞争中倒闭了。

"味之源"早餐店的失败案例凸显了明确目标对于团队成功的重要性。无论是创业初期还是企业转型,一个清晰、具体、共享的目标能够凝聚团队力量，确保每个成员都朝着同一个方向努力。

2. 大家都管，结果谁都没管好

做小生意，最怕的是所有人都在忙，但不知道谁该负责什么。分工不明确，大家看起来都很忙碌，但最后要么事情没做好，要么责任没落实。

老李和他老婆开了家早餐店，刚开始，两个人什么都一起做，结果忙得团团转，但还是总有事情没做完。后来他们决定明确分工，老李负责后厨做包子、豆浆，他老婆专门负责点单、收银和跟顾客打交道。分工一明确，效率立刻提升，店里的顾客也越来越多。

"做小生意，分工清楚才能效率高。"在小生意的团队里，每个人的职责一定要划分明确。谁管采购，谁管销售，谁管财务等，都要分清楚。只有这样，大家才不会毫无头绪地忙碌，而是能够明确自己的职责，各自做好自己负责的事情。

3. 能干活的人很好，但能干很多活的人更好

小生意最需要什么样的员工？不是那些只会做一件事的人，而是能做很多事的"多面手"。创业初期，人手少，资金有限，能找到可多任务处理的员工，那绝对是帮了大忙。

小李开了一家小吃店，招了一个会做饭的小陈。没想到，小陈不仅厨艺不错，还会做简单的收银，偶尔还能帮忙整理店铺的货物。这样的"多面手"员工让小李节省了不少人力成本，小吃店虽然规模不大，但因为有了小陈的帮忙，生意做得井井有条。

"一人多用的小店员工，是创始人的宝。"在小生意中，找那些愿意学习、能做多项工作的人，不仅能节省成本，还能提高店铺的运转效率。这类员工能帮你在生意初期稳步经营，甚至应对突发情况。

4. 激励机制：留住人和心

小本生意的初期，资金有限，无法给员工开高工资。这时候，一个灵活的激励机制，能让员工更愿意留下来和你一起拼，要让员工觉得"钱不多，但有未来"。这种激励机制不一定是给予股份。很多时候，一顿聚餐、一些绩效分红，甚至是带薪休假，都能让员工对店铺产生归属感。

老张在社区经营着一家水果摊，由于资金有限，无法给员工开出太高的工资。为了留住员工，他决定每月按照营业额给员工一些提成，还不时组织大家聚餐、举办小活动。这样一来，员工不仅愿意留下来，还把水果摊当成自己的事业去用心打理，水果摊的生意也逐渐红火起来。

"小店创始人给不了高薪酬，但能给予一份真心。"小本生意最担心的就是员工流失，尤其是刚刚培养起来的优秀员工。所以，你得想办法运用灵活的激励机制留住他们，让他们觉得和你一起奋斗是有前途的，即便现在收入不高，但未来充满希望。

5. 一群人齐心协力，小生意也能做大做强

小本生意绝非单打独斗，你需要一个极具凝聚力的团队。很多时候，小店里的氛围和文化直接影响着团队的合作成效。小店里的人若心不齐，再好的生意也难以做起来。

娟子在步行街开了一家服装店，她极为注重店里的氛围，平日里对员工关怀备至，大家相处如同家人一般。每次有新款上架，员工们都会积极帮忙推荐，还自发在朋友圈推广店里的新品。这种"家庭式"的文化让员工充满归属感，服装店的生意也越来越兴隆。

在做生意的团队中，建立一种信任、支持的文化氛围，能促使大家齐心协力把生意做得更好。让员工感受到被尊重和重

视，他们自然会更有动力为你的生意贡献力量。

小生意想要做大做强，依靠的是团队的力量。选对人、分好工、做好激励措施，让大家朝着同一个方向努力，这便是成功的关键所在。即便是小本经营，团队也同样至关重要。找到合适的员工，明确责任，用心经营，这样你的生意才能长久稳定地发展下去。

记住，生意或许是你一个人的，但成功靠的是整个团队。

小成本试错，轻装上路

先小规模试试，再慢慢扩大，这是所有生意稳稳当当走下去的一个窍门。

互联网公司创业，有一个经常谈到的名词叫"MVP"，指的是"最小可行产品"（Minimum Viable Product）。先用最低的成本做出案例，跑通流程。MVP 是《精益创业》里提出的概念，指的是开发团队通过提供最小化可行产品获取用户反馈，并在这个最小化可行产品上持续快速迭代，直到产品到达一个相对稳定的阶段。

MVP 最关键的一点是：达到可用与最小成本之间的平衡。既不能为了节约成本而让产品简陋到影响用户的正常使用，也不能因为所谓的提升用户体验而将产品做得非常臃肿、成本过高。

MVP给小生意创业的启示是：先小成本试水，如果市场反馈理想再正式创业；如果反馈不理想，那就调整产品或服务直到理想；如果一直不理想，那就换个项目或更换赛道。

小雯自己制作手工饼干，起初她仅在邻居和朋友之间进行试卖，每周制作10盒。在获得不错的反馈后，她开始在微信朋友圈扩大宣传，订单也逐渐增多。小雯并没有一下子扩大产量，而是依据市场需求，慢慢地从每周10盒增加到每周30盒。她一步一步地跟随市场的步伐，最终成功开设了一家小型甜品店。

试水市场的一个关键环节，就是"听市场的话"。你推出产品或者服务后，市场的反馈是你最有效的参考依据。小本生意在试水阶段，一定要勤观察、勤总结，根据顾客的反馈及时调整你的产品和服务。市场是你最直接的导向，你不但要倾听市场的声音，还要迅速采取行动。

老刘开了一家小型川菜馆。刚开始，他将招牌菜定为麻辣火锅。在试营业一段时间后，顾客反馈火锅虽然美味，但口味太重，很多人吃过后觉得太辣，这影响了回头客的数量。于是，老刘迅速调整菜单，推出了适合更多人口味的微辣系列菜品，以满足不同顾客的需求。最终，他的餐馆不仅保留了招牌火锅，还通过调整其他菜品成功吸引了更多客源。

"市场在发声，关键是你能否听懂。"小生意最忌讳的就是固执己见、不听从市场反馈。顾客的意见，尤其是在你处于试水阶段时的意见，往往是最为真实且最具参考价值的。你应当时刻保持敏锐，及时依据市场反应来调整产品、优化服务。

第三章 用低成本营销，获取大收益

小生意投入小。如何通过低成本的营销手段来吸引顾客、提升品牌知名度，成了每一个小生意创业者的挑战。与大生意相比，小生意在广告和宣传上无法投入巨额资金，因此，找到有效的低成本营销策略显得尤为重要。

第三章
用低成本营销，获取大收益

◎ 好名号打响生意的"第一枪"

在商业活动中，名号不仅仅是企业或品牌的标识，更是与顾客建立初步联系的桥梁。一个好的名号能够迅速吸引潜在客户的关注，甚至为品牌赢得广泛的知名度和美誉度。反之，一个平庸或难记的名字可能会让企业错失许多机会。

有一家新媒体营销公司，名号为"你说的都对"，企业口号是"我们再想想"。这个名字和口号的组合堪称"神作"，一下子就赢得了众多客户的会心一笑和浓厚兴趣。

从事策划或提案工作的人都深知，与客户的关系既复杂又微妙。一方面，客户是业务的来源；另一方面，他们也常常提出难以满足的需求。而"你说的都对"这个名字，搭配"我们再想想"的标语，幽默地反映了客户和服务提供者之间的互动，巧妙地化解了紧张感和防备心理。

这家原名为"牛奶树"的公司，自更名为"你说的都对"后，公司提案的成功率大幅提升。许多客户出于对公司名字的好奇，主动与团队接洽，认为他们极具创意。

一个好名字就如同吸引注意力的外貌，它能让小生意在众多竞品中脱颖而出，让消费者对其产生好感，进而愿意深入了解。

不少优秀的项目由于名字不理想，导致推广成本大大增加。有的名字与产品关联度不高，用户难以记住，更无法产生联想，这无形中加大了推广的难度。在当今这个社交媒体主导的时代，一个贴切、讨喜的名字可以帮助产品或品牌迅速打响知名度，推动用户自发传播，节省大量推广费用。

那么，有没有什么取名的"秘籍"呢？

虽然任何被总结成固定规则的东西都会限制创意的发挥，但我们还是尽量总结出一些好名字的共性，供读者参考借鉴。

1. 简洁明了，易于记忆

名字应当简短且易于记忆。消费者往往没有时间去理解复杂的名字，因此，名字越简洁，就越容易被记住。短而有力的名字能快速在客户心中留下印象，便于口口相传。例如"饿了么""交个朋友"。

2. 与业务相关

名字应该与你的产品或服务有关联，能直接或间接反映出小生意的核心业务和定位。如果名字能够传达小生意的独特卖点，那就更有助于市场推广。例如，做外卖的"饿了么"，卖家纺用品的"一朵棉花"。

3. 独特创新，避免雷同

名字应具有独特性，能够从竞争对手中脱颖而出。尽量避免与现有的品牌名字相似，这样不仅能帮助品牌树立独立的形象，还能避免法律纠纷。前面提到的几个名号，都非常具有创新性。

4. 具备联想性和情感共鸣

一个好名字能够激发消费者的联想，并唤起情感共鸣。这样的名字更容易引发消费者的好感与信任，进而建立深厚的品牌忠诚度。家纺品牌"一朵棉花"，让人联想到温暖、柔软和舒适的感觉，赋予品牌更多的情感内涵。

5. 使用行业关键词

在名字中嵌入行业相关的关键词，能让消费者快速理解小生意的业务领域。这种方法尤其适合小生意的初创时期或推出新产品时，可以减少推广的解释成本。

6. 容易发音和书写

名字应当容易发音且便于拼写，尤其是在如今的网络时代，消费者可能通过口碑或搜索引擎寻找品牌。如果名字难以拼写或发音，会增加品牌传播的难度。

7. 寓意丰富且有深度

一个好名字往往包含深层的寓意或故事，能够吸引顾客深入了解小生意背后的文化和价值观。这样的名字不仅容易记住，还能帮助品牌建立更深层的品牌认同。如电动汽车品牌"特斯拉（Tesla）"以电气工程师尼古拉·特斯拉命名，凸显了品牌对科技创新的尊敬。

你必须亲自做营销

小生意创业者通常一人身兼多职，他们既是创始人，又承担业务工作，负责售后，甚至还得充当司机、送货员以及搬运工。在这些众多的角色当中，业务员的角色尤其不能被忽视。

作为生意的创始人，一般对产品和服务有着最为深刻的理解。不管是对产品的设计理念、生产过程，还是对服务的核心价值，都非常熟悉。这就使创始人在与客户进行沟通的时候，能够更加准确地传达产品的信息和优势，解答客户的疑问，甚至提供定制化的解决方案。

与普通业务员相比，创始人对产品的热情和信心往往更具感染力。客户能够从创始人的言行举止中感受到其对产品的坚定信念。这种信念不但能提升客户对产品的兴趣，还可以增强他们的购买欲望。所以，在与客户直接接触时，创始人的推销能力往往更具说服力，这是因为他们并非仅仅在推销产品，更是在推销自己的品牌理念以及个人信念。

做小生意在很大程度上其实就是经营人，尤其是对于本地生意和社区生意来说，更是如此。在这些生意当中，创始人的声誉在一定程度上起着决定性作用，甚至可以说创始人的声誉在某种程度上决定了生意营销的成败。客户购买的不单单是产品或服务，他们买的还有对创始人的信任。创始人的诚信、待人接物的态度以及对客户的关怀等都会直接影响客户的购买决策。

因此，创始人需要时刻保持积极的形象，展现出对客户的重视。这不但有助于维系现有客户，还能够通过口碑传播吸引更多潜在客户。例如，餐馆的创始人如果能与顾客建立良好的互动和情感联系，顾客不仅会自己成为回头客，还会介绍朋友前来光顾。这种人与人之间的连接往往是小生意营销的关键，而创始人则是这种连接的核心人物。

◎ 用好社交媒体与数字营销

一种全新的消费理念正在崛起，人们从崇尚时尚、奢侈品，经历注重质量和舒适度，进而过渡到回归内心的满足感、平和的心态、地方的传统特色、人与人之间的纽带上来，而创始人要做的就是要满足人们这一新兴的生活理念。

需要提醒的是，小生意的创始人一定要重视社交媒体。相比传统营销方式，新媒体营销的成本更低，效果更快、更直观。通过巧妙的创意和策略，可以实现低成本、高回报的营销效果。微信朋友圈、抖音、快手、小红书等平台会为你提供海量的曝光机会。如何运营好社交媒体，是小生意创业者需要下苦功的地方。

要想通过社交媒体真正推广生意,你需要长期运营和不断更新内容。你可以通过拍摄产品制作过程的小视频、发布客户的好评故事、展示产品的真实效果等方式,来保持与潜在客户的互动。内容要注重真实性、趣味性与利他性,让顾客觉得你不是在卖东西,而是在分享一种生活方式或理念。

1. 社交媒体是小生意的"扩音器"

李阿姨在街边经营着一家烤串店,生意一直以来主要靠老客户维持着。她的儿子帮忙注册了一个抖音账号,每天都会拍摄一些视频内容,比如,李阿姨烤串的过程,李阿姨和顾客聊天的场景等。出人意料的是,这些视频由于充满亲切感而迅速走红,吸引了众多年轻人专门来到店里打卡。原本比较冷清的小店,如今每天晚上都顾客盈门,甚至需要排队等候。

用心经营社交媒体,它可以极大地放大你的影响力。社交媒体的出现,彻底改变了传统的广告模式。在以前,广告费用动辄几万甚至几十万,小本生意根本无力承担。但是现在,不管是开一家小饭馆,还是售卖手工产品,都能够通过社交媒体让更多的人了解你。

2. 选准平台,精准出击

选对平台,那么你的生意就相当于成功了一半。社交媒体的种类虽然繁多,但并非每一个平台都与你的生意相适配。选择合适的平台，能够使你的努力获得事半功倍的效果。例如，微信比较适合社交属性较强的生意，像本地的小店；抖音则适合具有视觉冲击力的内容，例如，餐饮行业或者手工艺品。所以说，选对平台非常重要。

老吴在社区里经营着一家专门售卖健康食品的小店。起初，他尝试在微博上进行推广，然而效果平平。后来，他发现微信更加适合自己的生意，因为他的顾客主要是社区里的中年人，而他们习惯使用微信。于是，老吴开始借助微信朋友圈和视频号进行推广，并且还成立了顾客微信群，定期推送健康知识。很快，他的生意就有了明显的好转。

3. 发掘"社群经济"的潜力

小张开了一家宠物店，起初生意比较一般。后来，他组建了一个宠物爱好者微信群，定期在群里分享养宠物的小窍门，并且时不时地开展一些互动问答以及优惠活动。渐渐地，群里的成员都变成了他的忠实顾客，还推荐了许多新顾客加入群聊，他的生意也越来越好。

社群经济能够让你的生意不再仅仅局限于卖产品，而是可以与顾客建立起长期的关系。社群经济是一种极其适合小生意的数字营销模式。简单来讲，就是通过构建一个社区或者群体，将顾客聚集起来，形成较强的黏性和互动，再借助他们的口口相传，吸引新的客户。

4. 内容为王，让顾客记住你

小赵在网上销售手工肥皂。他并非一开始就进行广告宣传并售卖产品，而是时常分享自己制作肥皂的视频，向大家宣传使用天然材料对皮肤的益处。此外，他还偶尔分享一些有关环保生活的小妙招，渐渐地吸引了一批对环保感兴趣的粉丝。后来，这些粉丝自然而然地成了他的忠实顾客。

内容决定成败，不要仅局限于推销产品，要让你的顾客感受到你的用心。在社交媒体上，内容起着决定性的作用。单纯地进行产品推销会引起人们的反感，然而，有趣、实用或者感人的内容却能够在不知不觉中吸引大量的粉丝。小生意创业者们应当考虑将自己的品牌融入有价值的内容当中，而不是单纯地宣传商品。

5. 利用用户生成内容，提升可信度

小李经营着一家小吃店，他鼓励来店的顾客将在店里的体验分享到社交媒体上，并且每月评选出最具创意的分享，给予相应奖励。这个活动不但增加了顾客的参与感，还让小李的店铺在社交平台上频繁曝光，从而吸引了许多人前来打卡。

让顾客为你发声，远比自己发布广告更具说服力。用户生

成内容（UGC），即由顾客或者粉丝自行创作的内容，如评价、视频、照片等。这类内容相比你自己发布的广告来说，具有更强的说服力，因为人们往往更相信其他顾客的真实体验。让顾客帮你进行宣传，通常比你自己重复说上一千遍更加有效。

6. 小投入，大回报：适度投放广告

小王开了一家瑜伽馆。起初，他借助朋友圈进行推广，吸引了不少顾客。但随着时间的推移，顾客的增长速度渐渐慢了下来，店里的生意也一直没有明显的好转。于是，他决定在微信平台投放几次定向广告，将广告精准地推送给附近社区的中年女性。通过这次广告投放，小王的瑜伽馆很快积累了一批新顾客。

有时候，小投入的广告投放能够让你的生意迅速发展起来。选择特定平台进行小额广告投放，是提升知名度的有效途径。虽然我们说社交媒体在一定程度上是免费的，但在预算有限的情况下，重要的是要精心挑选投放平台，确保广告投放的每一分钱都花得有价值，通过适度的广告投放来获得更多的曝光机会。

7. 数据是最好的老师，实时调整策略

数字营销的优势就在于，数据会告诉你什么有效，什么无效。数字营销的一个好处就是，你可以通过数据实时监控营销

效果，并迅速做出调整。

小陈开了一家咖啡店，他在抖音上投放了一系列有关咖啡制作的视频，然而反响平平。后来，他通过数据分析得知，顾客更加喜欢与咖啡相关的小故事或者趣闻。于是，他转变了策略，开始发布一些关于咖啡文化的短视频，点击量立刻有了大幅度的提高。

通过平台提供的数据分析工具，你可以了解哪些内容更受欢迎，哪些产品点击率最高，从而快速调整你的营销策略，避免无效推广。

8. 建立在线店铺，打破时间和地域的限制

张师傅是一位手工艺人。原本他仅仅在本地的集市上摆摊，生意始终处于不温不火的状态。后来，他的女儿帮他在淘宝上开设了一个网店，将他的手工艺品放到网上进行销售。没想到的是，这些手工艺品非常受欢迎，张师傅的生意拓展到了全国各地，订单接连不断。

随着电商的不断发展，小生意不再局限于线下的实体店铺，通过电商平台建立在线店铺，可以打破时间和地域的限制，使你的产品覆盖更广泛的客户群体。许多传统的小商家借助开设线上店铺，实现了业务的拓展。电商能够让你的生意突

破时间和地域的束缚,从而开拓更大的市场。

9.通过短视频与直播带货,抓住新的流量红利

短视频和直播带货正在逐渐成为新的数字营销工具,尤其对于小本经营者来说,这是一种极具潜力的推广方式。通过短视频,你能够展示产品的使用过程、制作细节或者背后的故事;而借助直播,你可以与观众进行直接互动,实时解答他们的问题,甚至能够当场促成销售。

李大叔经营着一家小农场。原本他的农产品仅仅在当地进行销售。后来,他尝试在抖音上进行直播,带着观众参观农场,展示农产品的种植和采摘过程,并且还在直播间进行限量售卖。没想到,直播一开始,订单便接踵而至。

社交媒体和数字营销为小生意带来了前所未有的机遇,互动越多,销售速度就越快。借助社群运营、用户生成内容、短视频、直播带货等策略,小本生意也能够以低成本、高效率的方式吸引顾客。对于小生意而言,短视频和直播带货是必须抓住的"新流量红利",关键在于用心经营内容、持续保持与顾客的互动,并通过数据不断优化策略。

数字营销与社交媒体策略是当前数字化时代中进行推广和营销产品的重要手段,关键在于你是否能够在这片广阔的海洋中找到属于自己的航道。

异业合作，打造双赢局面

这里说的"渠道之力"，也就是我们常说的异业合作。异业合作指的是两个或两个以上不同行业的组织，通过分享市场营销中的资源，从而降低成本、提高效率、增强市场竞争力的一种营销策略。与大规模的广告投放相比，异业合作是更适合小生意创业者的营销方式。

它不需要大量的资金投入，只要合理运用资源，便能产生显著的效果。它所依赖的并非雄厚的资本，而是灵活的商业智慧和创新思维。找到重叠的目标客户群体，是异业合作取得成功的关键所在。通过共享客户群体、进行捆绑销售或者渠道资源共享，就能够在投入较低的成本下，实现客户的增长和品牌的扩展。

2018年底，山东某地的一家酒行引发了一股风潮。这家位于三线城市的白酒连锁企业，在短短六年内迅速扩展至六七十家门店，并取得非常好的效益。

在此之前，白酒连锁店主要用于提升品牌形象，利润来源更多依赖于团购业务。然而，随着"三公"消费限制政策的推行，团购销量急剧下滑。面对这一市场环境的变化，该酒行需要迅速找到新的增长点。

一个偶然的机会，酒行创始人陆总在一家健身会所打球时，与会所创始人相识。得知该健身馆仅面向会员开放后，陆总提出了一个颇具吸引力的建议："我们合作，我可以为你带来 100 名新会员。"这一提议立即引起了会所创始人的兴趣。

经过一番商讨，双方最终达成了合作。健身馆提供 100 张面值为 1000 元的会员卡，并且允许酒行在馆内设立展示柜。作为回报，陆总提供 100 箱价值 1200 元的白酒，供健身馆用作会员礼品或者待客使用。虽然陆总付出了 12 万元的白酒成本，但是他收获颇丰。首先，他获得了总价值 10 万元的会员卡，可以回馈给酒行的贵宾客户。其次，健身馆的展示柜进一步增加了酒行的品牌曝光度和潜在销售机会。而健身馆则收获了 100 名新会员，增强了会员卡的吸引力，同时获得了价值 12 万元的白酒作为赠品。

这次合作达成了 1+1>2 的效果，实现了酒行与健身馆的双赢。借助这一成功模式，陆总陆续与汽车 4S 店、高尔夫俱乐部等高端会员制机构建立类似的合作关系，进一步拓展了酒行的客户群体和市场份额。

酒行的这一策略是异业合作的典型案例。之所以强调"异业"，是因为同行之间存在竞争关系，难以实现资源共享。而异业合作的关键在于双方的目标客户群体必须有一定程度的重叠，否则合作将难以取得成效。

"异业"在品牌推广方面也表现得十分突出。对于小生意创业者而言，采用捆绑销售和渠道资源共享的异业合作方式更加切实有效。例如,将酒行的白酒与健身会馆的会员服务进行捆绑销售,虽然看似是两个不相关的行业,但它们的目标客户群体却存在大量的重合。

通过这样的合作,健身会馆不仅吸引了新会员,还提高了现有客户的忠诚度。酒行则通过赠送会员卡增强了客户体验,同时,通过健身馆的展示平台扩大了品牌的影响力和销售机会。双方的合作不仅实现了短期的业绩增长,还着眼于长期的客户拓展与维护。

异业合作中的一个重要策略是渠道资源共享。通过让合作伙伴的产品进入自己的销售渠道,或者为其产品提供展示平台,双方能够实现双赢。在酒行与健身馆的合作中,酒行通过健身馆的展示柜增加了销量,同时也将品牌展示给了潜在客户群体。而健身会馆则通过赠送白酒,提升了会员卡的吸引力,进一步增强了客户黏性。

这种"你为我推广,我为你销售"的合作方式,使得双方在市场中接触到了更多的潜在客户,推动了销售的进一步增长。所以,你要多留意、勤思考,看看你的生意可以和谁进行异业合作。

◎ 利用客户扩展你的影响力

小生意的优势在于可以和顾客实现零距离接触。顾客在购买商品、享受服务的过程中，会慢慢积攒对这个招牌的信任与黏性。此时，思考如何让顾客为你进行宣传，使其成为你这个小品牌的"活广告"，这便是让生意不断做大的诀窍。

巧妙地用好你的顾客资源，让顾客帮你口口相传、多互动、多推荐，不光能少花钱多办事，还能让你的生意出现滚雪球效应，越做越红火。

老王在巷子口摆了个水果摊，他所售卖的水果总是水灵灵的，格外新鲜。他有个习惯，就是对每一位前来买水果的顾客都面带微笑地交谈几句，让人感觉特别亲切。

有一位熟客把老王认真打理水果摊的模样拍了下来，发到朋友圈，并配上文字："老王家的水果，新鲜又好吃。"这条朋友圈很快就收获了众多点赞，很多朋友在下面留言询问地址，都想来尝尝老王的水果。

就这样，由于这位熟客的这张图片和几句好评，老王的水果摊又迎来了不少新顾客。

客户的"朋友圈"就如同你的"广告牌"。只有让客户发出声音，你的生意才会更具影响力。

1. 鼓励客户分享体验

让顾客谈谈他们购买你的东西或者享受你的服务的感受，

这个方法能够帮助你的店铺名声传播得更远。与那些广告相比，这些真实的声音更能触动人心。不管是在朋友圈晒图，还是在网上给予好评，顾客的推荐就是最好的广告，能够帮你吸引来更多的新顾客。

小李开了一家咖啡馆。她设计了一款极为特别的咖啡杯，能让顾客在购买咖啡时对杯子上的图案进行"DIY"。很多顾客认为这种体验十分有趣，于是纷纷在社交媒体上分享自己设计的杯子。小李没有花费一分钱做广告，却凭借顾客的分享吸引了更多的年轻人前来体验。

鼓励顾客分享他们的体验，真实的互动胜过千篇一律的广告。

2. 设立推荐奖励机制，推动口碑传播

顾客的口口相传，是小生意最靠谱且省钱的营销方法。如果顾客对你的商品和服务感到满意，就很可能会跟亲朋好友提及几句。倘若你再设置一个简单的推荐奖励，例如，下次购物给予小幅度的折扣，或者赠送一个小礼品，那么顾客的积极性就会更高。只要奖励设置得恰当，顾客们会更愿意帮你进行宣传，这样你的生意就能逐渐红火起来。

周然开了一家手工甜品店。他设计了一个"老顾客推荐新顾客"的活动。只要老顾客推荐新顾客来店里消费,双方都可以享受折扣优惠。这种简单的机制不但让周然的甜品店获得了更多的新客户,还提升了老顾客的忠诚度,大家也更愿意带着朋友一起来尝试甜品。

口碑传播是免费的广告,设立合理的奖励机制能让它走得更远。

3. 用客户故事打造品牌情感连接

每个来到你店里的顾客都有着属于自己的小故事,而这些故事就是你扩大店铺名声的绝佳素材。把顾客的故事讲述好,不但能让你的品牌让人感觉更加亲切,还能使其他顾客听了心里感到温暖。你可以时不时地在店里或者网上分享顾客的故事,例如,他们在使用了你的产品后发生了哪些新鲜事,或者他们与你的小店有着哪些有趣的互动等。这样一来,你的生意就能借助顾客的故事,传播得更远,并且更加深入人心。

小陈经营着一家宠物用品店。他经常定期邀请顾客携带其宠物来店里,拍摄与宠物互动的瞬间。当这些照片和视频被分享到店铺的社交平台后,众多宠物爱好者看到都倍感温暖,纷纷成为小陈的顾客。凭借这些真实的照片和视频,小陈成功地塑造出一个具有情感连接的品牌。

每位顾客的故事都是品牌成长的养分，总能打动你的下一位客户。

4. 鼓励客户参与品牌建设

让顾客参与到你这小店的成长过程中，这样不仅能让他们更有参与感，还能使他们成为你这个品牌的忠实粉丝和免费代言人。你可以举办一些小活动，例如，让顾客提出意见，或者让他们参与设计新产品，让他们觉得自己的意见和建议能够影响你的小店的发展方向。顾客参与得越多，他们自然就越愿意到处夸赞你的店，帮你招揽生意。

小王经营着一家小型服装设计店。他举办了一次"设计你想要的款式"活动，以此鼓励顾客提出服装设计的创意。小王从众多顾客的创意中挑选出几款，并将它们制作成实际的产品。被选中的顾客格外开心，在社交平台上积极地分享这些服装的设计过程，使小王的店铺收获了更多的关注及订单。

让顾客参与品牌建设，顾客会主动为你创造更多的机会。

第四章 设法搞定客户,你的小生意才稳

在生意的起步阶段,找到并成功获取客户是决定生意成败的关键。无论你拥有多么出色的产品或服务,如果不能得到客户的认可,那么所有的努力都可能白费。因此,精准定位目标客户,实施有效的市场策略,建立起强大的客户基础,对于小生意来说是至关重要的。

张开"大网"寻找客户

在经营生意时,最重要的问题就是如何找到客户。尤其是新生意开张,客户积累从零开始,如何有效寻找客户显得尤为重要。以下是四种基本的方法,可以帮助你更好地接触潜在客户。

1. 社交接近法

融入客户所在的社交圈,是接近客户的一种有效方式。例如,如果你的准客户在钓鱼圈、长跑圈,你也有必要参与其中。这个方法可以灵活运用,例如,有一个卖高端大米的,他靠加入相应的圈子,结识了很多老板。之后,他通过朋友圈广告,很快就打开了高端大米的销售渠道。这种大米售价高、味道好,还非常环保,相对有较高消费能力与要求的老板,正是此类大米的理想客户。

2. 利用事件法

借助特定事件接触客户,是一个巧妙的方法。这些事件可以是庆典、酬宾活动、开业典礼、产品周年纪念、同学会、校庆,甚至是节假日或大型赛事等活动。类似的场合为推销员提供了很好的机会接触客户。当然,提前掌握客户的背景信息和兴趣爱好是必不可少的。例如,当你得知某客户跟你毕业于同一所学校,并且正参与筹备同学会,你可以以同学会为契机进行接触。此外,行业大会之类的,都是接触客户的契机。

3. 服务接近法

提供客户所需的有价值服务,是另一种接近客户的有效方法。这种方法通常包括提供维修服务、信息咨询、免费试用、专业建议等。关键是这些服务要与客户的需求紧密相关,并且与所销售的产品或服务有一定的关联性。

4. 托人介绍法

通过他人的推荐来接触客户是一种非常有效的方式,成功率通常很高。这种方法利用了"熟识与喜爱"的心理效应,即人们更容易接受熟人或喜欢的人提出的请求。此方式分为直接引荐和间接引荐两种。间接引荐可以通过电话、名片、信件或便条等进行。当你通过间接介绍拜访客户时,应该保持谦逊的态度,避免过度炫耀与介绍人之间的关系。可以通过真诚地赞美客户,引出介绍人的推荐,例如,"张医生特别称赞您是一位非常关心患者利益的好医生,所以推荐我来拜访您"。

◎ 利用群聊吸引更多精准客户

有人曾打趣说:"如果群聊因技术问题暂停一周,北京的夜店生意可能会减少一半。"北京的夜店和群聊究竟有何关联呢?

如果你常去北京三里屯、工体西路或后海的夜店，就会发现这些地方的群聊聚会非常火爆。往往是一群年轻男女聚在一起，互相喊着网名或者做着自我介绍。群聊自诞生以来，便成了兴趣聚集的"社交平台"。最早由群主发起AA制活动，随着商家发现商机，逐渐与群主合作，共同组织活动。

在北京，许多群主通过组织群友线下聚会赚取佣金，获得了不错的收入。这给了小生意启发：通过建立以潜在客户为核心的群聊，可以有效开展业务推广。

陈女士在重庆四面山经营着一家豪猪养殖场。她不仅自己建立了养殖爱好者的群聊，还加入了多个类似的养殖群聊。在群里，大家热烈讨论养殖知识，解决各种问题。如果遇到有意向养豪猪的群友，陈女士会主动与他们私下沟通。凭借这种方式，她每年能够成功销售上百万元的种猪和仔猪。

谈到群聊营销的经验，陈女士强调"积累信任"至关重要。群里往往有不少同行，想让客户选择自己，靠的就是平日点滴积累的口碑和信任。一旦客户对你建立起了信任，即便有竞争对手，也难以撼动这份关系。

群聊营销需要注意几点：

首先，群名要和你的产品或行业紧密相关，例如，"特种养殖交流群"或"某某商行特价群"。群名最好包含相关的关键词，群简介也应简洁明了地概括基本信息。

建立群后，要开始推广。可以通过朋友圈、其他群聊以及各种线上渠道进行宣传，用折扣和优惠等方式吸引用户加入。

群聊营销切忌急功近利。首先要积累精准用户，然后慢慢培养信任，建立长期的关系。

以下是一些运营群聊的技巧：

（1）发布热点内容。利用热门话题引发讨论，鼓励群内成员互动。

（2）分享有价值的资源。通过群相册或群文件分享有用的图片和文档，如活动照片、产品资料等。

（3）减少广告。广告过多，容易引起反感，控制频率，避免群成员不满。

（4）维护好群内秩序。及时处理不和谐内容或乱发广告的成员，保持群内的良好氛围。

因此，群聊营销是一种"慢火细炖"的方式，在企业成立之前就可以开始经营。通过长期的沟通交流，你可以精准捕捉客户需求，逐步建立信任，这对未来的成交非常有帮助。

如果你有创业想法，建议尽早建立群聊。这样做有两个好处：第一，可以更好地了解潜在客户的真实需求；第二，提前积累客户资源。在与群友沟通的过程中，你可能会发现某些业务难度较大，从而避免浪费资源和时间；也可能会找到更好的经营方式。当你的企业真正启动时，提前积累的客户群将帮助你缩短市场导入期，同时增强你的信心。

◎ 把握顾客的需求

用户需求是小生意的命脉。无论你是卖早点的、经营杂货店的，还是从事手工活的，只有把顾客的心思摸透了，才能够在市场中站稳脚跟。生意无论大小，顾客的需求永远是你行动的出发点和落脚点。那么，如何去了解顾客的心思，并将其转化为赚钱的机会呢？

1. 听他们怎么说

摸透顾客心思的首要方法就是要善于倾听。有些小生意的经营者总认为做生意"自己做主就行"，然而实际上，做生意的精髓在于与顾客进行交流互动，顾客的反馈才是你获取财富的宝贵资源。多听听顾客的说法，不但能让你了解他们的需求，还能让顾客感受到你确实把他们的话放在心上。

老陈在社区经营着一家小餐馆。刚开始的时候，他只做自己喜爱的川菜，生意不温不火。后来，他不再急于干活，而是和顾客聊天，打听他们的口味偏好。渐渐地，老陈发现有的顾客特别喜欢辣味十足的菜，而有的顾客则吃不了辣。于是，老陈记住了每一位顾客的喜好，在做菜的时候灵活调整味道，对于能吃辣的顾客就把辣味调得很足，对于不能吃辣的顾客就做

第四章
设法搞定客户,你的小生意才稳

得清淡一些。没过多久,好口碑传播开来,老顾客带着新朋友陆续前来,老陈的小店也成了街坊邻里经常光顾吃饭的好去处。

顾客不一定会主动告诉你他们的需求,但是你可以通过认真倾听,去找到他们心中的那份"秘密菜单"。倾听顾客的反馈,并不需要进行复杂的操作。你可以在店里主动与顾客交谈几句,询问他们对于产品的看法,也可以通过发放简单易填的调查问卷来收集意见。重点在于要用心去听,而不是为了完成任务而听。听完之后,就必须动脑筋去琢磨并进行改进。

2. 看他们怎么做

有时候,顾客不会明确地向你说出他们的需求,甚至可能连他们对于自己真正想要的东西也并不清楚。在这种情况下,观察顾客的行为要比单纯听他们说话更加重要。通过观察顾客的购物习惯、对产品的选择以及购买频率等细节之处,你能够发现他们未曾用言语表达出来的需求。

王姐经营着一家小杂货铺。她注意到,许多顾客在选购日用品的时候,常常在店里徘徊许久,似乎找不到自己想要的商品。王姐留意到,虽然店里的商品品类很齐全,但是没有按照顾客的习惯进行分类。于是,她重新对货架的摆放方式进行了调整，把常用的商品放置在显眼的位置。这样一来，顾客无须费力地寻找东西，购物体验得到了大幅度提升。结果，她店里的客流量明显增多了。

顾客或许不会直接告诉你他想要什么，然而他的行动却能够帮你找到答案。通过观察，你能够调整产品的陈列方式、摆放顺序和店内的服务流程等。顾客的行为能够为你提供更为直观的指引，让你清楚地明白他们真正需要的东西是什么。

3. 根据需求快速优化

弄清楚了顾客想要什么，最终要落实到实际行动当中。当你把顾客的反馈收集得差不多的时候，接下来就需要依据这些反馈来调整你的货品和服务。无论是提升货品质量、推出新的服务，还是稍微调整一下价格，都必须根据顾客的实际需求来进行，只有这样才能跟上市场的步伐，满足顾客的期望。

小王在街头经营着一家服装店。起初，他进的货都是自己所喜欢的商务休闲风格，然而进店的顾客大多是年轻人，他们往往只是进店看两眼就离开了。小王对此感到十分纳闷。

后来，他细心地进行观察，发现年轻人更加偏爱随性、潮流的服装。于是，他毫不犹豫地调整进货策略，开始采购一些时下流行的休闲款式。

此外，小王还热情地为顾客出谋划策，帮助他们搭配衣服。渐渐地，越来越多的年轻人喜欢来他的店里逛，并且还经常带着朋友来试衣服。

顾客的需求就如同指南针一般，只有随时根据它来调整航向，你才不会偏离目标。产品和服务的优化是一个持续不断的过程。作为小生意的经营者，你必须时刻依据顾客的反馈以及市场的变化做出灵活的调整。只有保持敏锐的嗅觉以及快速的反应能力，你才能够在激烈的竞争中站稳脚跟。

理解顾客需求并不是一件简单的事情，它需要你从多个不同的角度去进行观察、倾听来收集信息。从日常的交流，到线上的反馈，再从对顾客行为的观察到实地的调查，通过这些途径，你可以更加深入地了解顾客的想法和需求。通过精准的需求分析，进而对产品和服务进行优化，你的小生意不但能够赢得顾客的信赖，还能在市场中保持强大的竞争力。顾客需求就是你的生意指南针，顺着他们所指的方向前进，你的生意才能够走得更远。

将客户变成你的永久用户

俗话说："第一印象决定成败。"第一次和客户的接触，是他们决定是否成为回头客的关键时刻。无论是在实体店面对面的服务，还是线上沟通，首次体验必须给客户留下深刻的好印象。

小生意大收益

小李在菜市场开了个干果铺。刚开始，路过的人大多瞅一眼就走了，买东西的少得可怜。后来他琢磨着，得让顾客记住他这摊子才行。于是，每当有新顾客经过，他都会热情招呼，还专门准备了几包小干果，递过去让大家尝尝味儿。顾客进店后，他就跟他们聊干果的来历、怎么搭配着吃最合适。一来二去，大家觉得这小铺子"有味儿"，老板人又实在。慢慢地，小李的生意渐渐好了起来，回头客越来越多。

客户第一次来，不要让他们只是匆匆路过，而要让他们"记住你"并愿意回来。

如何做得更好？超预期服务是关键。对顾客的热情服务不仅能让他们产生信任，还能让他们觉得"这个店真不错，下次还来"。此外，店铺的环境、陈列、氛围、产品质量都得用心，不能"只求个凑合"。

1. 把客户当朋友来对待

记录客户的偏好和习惯是打造长期关系的另一个重要方式。小生意的优势就在于，你可以和顾客有更紧密的接触，了解他们的需求，记住他们的喜好。顾客喜欢什么、什么时候光顾、习惯买哪些东西等，这些都能帮助你为顾客提供更贴心的服务。

第四章
设法搞定客户，你的小生意才稳

老刘开了一家水果店，每天街坊邻居都来他店里买水果。老刘特别细心，发现有的顾客总喜欢买西瓜，有的则爱吃他家的苹果。于是，他在小本子上记下了每个常客的偏好。每当这些顾客进店时，老刘总会提前准备好他们喜欢的水果，或者推荐刚到的新品。久而久之，大家都觉得老刘这店特别暖心，愿意反复光顾。

小本生意的最大优势就是人情味，把顾客当朋友，自然会有更多人愿意跟你走得更近，生意自然能做得长久。

为顾客建立档案，不需要复杂的系统，一张纸或一本笔记本，记录客户的姓名、联系方式、购买习惯和偏好就行。"量身定做"的服务让顾客感到自己被重视，他们自然也会更愿意成为你的长期客户。

2. 让顾客成为"回头客"

如果你想让顾客不仅回来，还要经常回来，会员制度和忠诚客户计划是非常有效的工具。简单的会员卡、积分奖励、折扣制度等都能激发顾客再次消费的欲望。尤其是对于小生意来说，顾客更容易感受到会员专属的归属感。

小王在学校旁边开了一家小面馆。他推出了一张"吃十碗面一碗免费"的会员卡，结果反响出乎意料的好。学生们觉得

"免费面"很划算,每次吃完都会主动让小王在卡上盖章。学生群体之间还口口相传,小王的面馆人气越来越旺,很多人吃完一次还拉上室友一起去。小王通过这样简单的会员计划,轻松积累了大量忠实顾客。

让顾客享受"专属福利",回头率和口碑自然而然就会提升。会员制度不一定要复杂,重点是让顾客感受到他们享有特殊的待遇。积分、折扣、赠品、专属优惠等这些简单的手段,就能让顾客觉得自己被特别照顾,他们也会更愿意一再光顾。

3. 别让顾客"冷掉"

很多小商家在吸引顾客首次光临之后,就以为"任务完成"了,其实不然。要想维持顾客的兴趣,定期的沟通至关重要。通过定期的消息推送、短信、微信、社交平台等手段,与顾客保持联系,不仅可以维系感情,还可以帮助你持续提供价值。

小陈在社区里开了家蛋糕店。他每个月都会通过微信给老顾客发信息,告诉他们本月新品、季节限定的口味或者生日优惠等。这些信息简洁明了,还附带精美的蛋糕图片,顾客看了常常会想,"好久没吃了,去买个蛋糕尝尝"。小陈靠着这份心思,把很多老顾客都变成了长期的支持者。大家每次有庆祝活动都会想到小陈的蛋糕店。

第四章
设法搞定客户，你的小生意才稳

别等顾客想不起你时再出现，定期的问候和关心能让他们一直记住你。无论是短信还是社交平台，保持联系的频率要适当，不要让顾客感到被"打扰"，而是让他们觉得你提供的信息是有价值的。通过节日问候、新品通知或者限时折扣等，你可以让顾客持续关注到你。

◎ 将顾客的抱怨变成商机

会抱怨的客户往往是真正具有价值的客户。顾客抱怨是每个商家都必然会面临的问题，若处理得当，不但可以化解矛盾，还能够提升客户的满意度和忠诚度。特别是对于小本生意来说，顾客的口碑和信任是生意成功的基础。妥善处理顾客的抱怨，能够帮助商家维持良好的声誉，甚至可以将顾客的抱怨转化为商机，为店铺带来更多的客户。

有一天，王先生前往附近的五金店购买螺丝、钉子，然而回家后却发现少了几颗水泥钉。王先生十分确信是店员漏装了，便回到店里，找到店员反映这一情况。店员对此并未在意，随手给了王先生几颗水泥钉，还说道："这次可不要再弄丢了。"

王先生原本就因为多跑了这一趟而心中不快，看到店员竟然还把责任往自己身上推，顿时就爆发了。他情绪激动地质问店员这话是什么意思,并且一定要店员查看监控,确认之前到底有没有给水泥钉。这一番争吵,引来了不少围观的人。

原本能够轻松解决的小问题,却因为店员的不当态度而最终演变成了更大的冲突。面对类似的顾客抱怨,你一定要谨慎应对。

1. 冷静对待,避免冲突升级

当顾客表达不满时,通常会带有情绪,表现得极为激动。在这种情况下,你应当理解并体谅客户的心情,切不可使用强硬的语言与对方争吵。无论客户的态度多么激烈,他们的抱怨本质上并非为了争论或者在口头上获胜,而是期望问题能得到解决。所以,你应该保持冷静、平和的态度,用平静的语气回应客户的不满,这样有助于缓和局面,降低冲突的程度。

2. 真诚道歉,化解不满

不管是自己的失误还是顾客的错误,你都应当毫不犹豫地真诚道歉。例如,可以说:"很抱歉给您带来了不便。"或者"对不起,给您造成了麻烦。"这样的道歉方式能够有效地平息客户的怒气,同时避免让客户产生其他误解。

3. 表达理解与同理心

当客户情绪激动时,如果能够表达对客户感受的理解与同情，往往能够迅速化解对方的情绪。例如，可以说："我明白这件事为什么让您感到不满。"或者"我理解您为什么会有这样的反应。"通过站在客户的立场上思考问题，客户会感受到你的关心和理解，他们的情绪也会因此而缓和许多。

4. 不用急着解释

有些客户在表达不满时，可能会夸大问题或者他们的感受。如果你觉得受到了委屈，可能会急于打断对方进行解释。然而，这种做法通常无法有效地缓解客户的不满。此时，客户需要的不是解释，而是一个愿意倾听的人，他们主要是在发泄情绪。通过耐心倾听，你才能够找出客户抱怨的真正原因，并更好地解决问题。

5. 转移客户的注意力

在客户情绪持续高涨的情况下，可以采用一些巧妙的方式来转移他们的注意力，减缓冲突的升级。例如，可以请客户帮忙递一些物品，如打火机或笔等。当客户主动做出这些小动作时，他们的注意力会发生转移，并且你可以借机表示感谢，从而缓解紧张的气氛，避免对方继续"发难"。

6. 巧妙让客户了解实际情况

客户的抱怨有时并非由服务引起，而是因为他们对实际情况的了解不够全面或者存在误解。此时，应该保持冷静大度，不与客户计较,而是通过巧妙的解释让客户了解事情的真相。例如,一位餐馆服务员因忘记记录客户的点餐,导致顾客抱怨菜里有辣椒。服务员冷静应对,微笑着说:"非常抱歉,这是我的失误,我马上为您重新准备。不过,这种辣椒经过特殊处理,其实不怎么辣,您可以试试。如果喜欢的话,就当是我们赠送的一道风味菜吧。"顾客尝了一口,觉得味道不错,于是决定不再要求换菜。

在上面的例子中,服务员通过真诚的道歉和巧妙的解释,迅速缓解了顾客的情绪,还让顾客对餐馆的服务有了更好的体验。这表明,抱怨如果处理得当,不仅能够避免负面影响,甚至还能赢得更多客户的信任。

第五章　算好这笔账，小生意才能有收益

做生意不仅需要有好的项目、有本钱，还需要你会算账。算账不是简单的加减乘除，它涉及保本分析、财务管理以及现金流把控等多个关键环节，各环节彼此间犹如齿轮般紧密相连，共同推动着生意的顺利运转。它不仅关乎公司的盈利状况，更影响到公司的长远发展。

小生意大收益

算准损益平衡点

做生意的时候,搞清楚损益平衡点极为重要。不然,很可能会陷入一种"看上去在赚钱,实际上却在亏本"的状态。

损益平衡点明确了企业在销售或者生产一定数量的产品时,收入与成本会达到持平状态。通过计算这个临界值,你能够清楚地知晓在当前的成本结构之下,至少需要卖出多少产品才能够避免出现亏损。如此一来,你就可以设定一个明确的目标,确保在达到这个销量的基础之上再去谋求盈利。

通过计算损益平衡点,你能够清晰地了解固定成本和变动成本的具体构成。这有助于你发现可以在哪些方面控制成本,例如,减少不必要的开支、控制库存或者优化生产流程等,从而提高利润率。

十多年前,老张和几位朋友共同出资50万元开办了一家小型铸锻厂。他们租用了一个已经倒闭的乡镇企业的场地,每年的租金是10万元。原来乡镇企业留下来的旧机器也可继续使用,他们只是添置了一些二手设备。这家铸锻厂主要生产大型塔吊的连接套,业务相对比较稳定。为了便于进行核算,他们把每一道工序都进行了拆分,并且按照计件的方式给工人支付工资。以生产A型连接套为例,工人的总工资是20元,钢材成本为50元,制造成本总计70元。这种连接套的售价是

100元，所以毛利是30元。

尽管每年能够销售一两万个连接套，但是连续三年，工厂都没有进行过分红。合伙人感到很不解：明明每个连接套的毛利有30元，为什么工厂还是没有赚到钱呢？

原因很简单，工厂的营业额一直处在损益平衡点附近。

所谓损益平衡点，指的是产销量达到某个数量时，收入刚好抵销成本，既不盈利也不亏损。计算公式为：

损益平衡点 = 固定费用 ÷（产品单价 – 变动成本）

举个例子：一个包子铺每月的固定开支（如工资、房租等）为1万元。包子售价为1.2元/个，材料成本为0.7元/个。根据公式，包子铺需要每月卖出2万个包子，即2.4万元的营业额，才能保本。如果卖不到这个数量，就会亏本。

但在现实中，企业的损益平衡点往往比包子铺复杂得多。回到铸锻厂的例子，虽然每个连接套的毛利看似有30元，但房租每年10万元，各类业务费用和招待费约10万元，加上电费、焦煤消耗、原材料运输费、设备维护、机器耗材更换、借贷利息等，一年开支至少四五十万元。

更为重要的是，设备的折旧成本也必须加以考虑。经过这样的计算之后会发现，工厂不但没有实现盈利，实际上还处于亏损状态。

在连续三年都没有盈利的状况下，其他股东开始要求退出。为此，老张花费了一个星期的时间，对铸锻厂的损益平衡点进行了详细的计算，并将计算得出的数据展示给股东们。

尽管公式看上去很简单，但实际计算的时候涉及的因素却非常多。首先，固定费用包含厂房租金、设备折旧以及业务费中的固定部分等。经过细致的计算，固定费用总计为18.5万元。接下来是变动成本，其中包括材料、人工、电费、焦煤消耗、运输费、设备维护、机器耗材更换以及借贷利息等。把这些费用分摊到每个连接套上，变动成本总计89.5元。

于是，根据公式：损益平衡点 = 185000 ÷（100 − 89.5）≈ 17619个。这就意味着工厂每年需要销售17619个连接套才能够保本，超过这个数字之后，每卖出一个连接套才真正能够赚取10.5元的利润，而不是表面上看起来的30元毛利。

看到这些数据之后，合伙人们明白了原本以为能够大赚一笔的生意，实际上利润是很有限的。即使销售额翻倍，一年的利润也不过20万元，合伙人们分到的就更少了。于是，他们决定退伙。

老张坚信国内的房地产行业会持续向上发展，塔吊的需求将会带动连接套的销量增长。因此，他独自接手了工厂。他筹集资金，更换了老旧的设备，提升了生产效率，还引入了三套新模具，扩大了产品线。在此之前，他再次计算了损益平衡点，并得出年销售额需要达到230万元才能够盈利。

第二年，他设定了300万元的销售目标，最终，实际达到

第五章
算好这笔账，小生意才能有收益

了350万元。随着房地产行业的繁荣，塔吊的需求猛增，连接套的销量和利润也随之上涨。经过几年的时间，他通过逐步更新设备，提升了产品质量和产量，最终将工厂打造成了当地的知名企业。

做生意，"精打细算"乃是成功的关键要素。准确地计算损益平衡点，不但能够助力你了解业务的当前状况，还可以帮你制订出更具可行性的计划。特别是对于创业者而言，只有清晰地了解自己的成本结构、盈亏平衡点以及市场目标，才能够避免作出盲目决策。就像前面所举的例子，如果他们在创业初期就计算过损益平衡点，那么可能有些人根本就不会选择合伙，而那些已经入伙的人也会更加注重如何提升销售额以突破盈亏平衡点。

据调查，超过一半的小生意创业者从来没有认真计算过损益平衡点。这种忽视常常会导致资金短缺以及管理混乱的情况出现。损益平衡点的计算方式有很多种，不过由于篇幅所限，这里无法一一进行阐述。对于那些有志创业的人，可以去查阅更多的相关资料，学会在每一个项目中做到精打细算。

要相信"磨刀不误砍柴工"这句话，只有做好充分的计算和规划，才能够在激烈的商业竞争中抢占先机，最终实现盈利。

提高资金周转率

资金周转得频繁，意味着每一分钱都在努力地为你赚取利润；资金周转得缓慢，则表明钱被束缚住了，生意也随之难以运转。"周转速度快，资金的流动就会更加灵活，生意才能够运行得更加稳健。"

资金周转周期是指从你投入资金进行进货，到将产品卖出，再到收到客户付款的整个过程。周转周期越短，资金的利用率就越高，小生意也就能更快地实现扩展。资金周转就如同人体的血液循环一样，快的时候生意兴旺，慢的时候业务就会停滞不前。

1. 优化库存的三大策略

库存管理对资金周转有着直接影响。库存积压过多，会使资金被束缚，导致周转效率降低；而库存过少，又可能错过销售机会。如何找到库存的平衡点，是小生意经营者必须掌握的关键技能之一。

（1）定期盘点，及时调整。定期对库存进行盘点，根据实际销售情况适时调整进货量。这样可以避免积压过多滞销商品，同时也能防止热销商品缺货而影响销售。

（2）精准预测需求。依据历史销售数据以及市场趋势，合理预估未来的需求。充分利用季节、节假日等时间节点来调整库存。

（3）先入先出管理。特别是对于食品类或有保质期的产品，要确保先进的货先销售出去，避免因存货过期而造成损失。

小吴经营着一家文具店。刚开业时，他盲目跟风购进了许多所谓的"热销"商品。结果，很多货物卖不出去，积压在仓库，使得现金无法正常流动。经过反思，他开始根据每月的销售情况调整进货量，还实行了"先入先出"的策略，从而减少了库存积压。如今，店里的库存管理变得井井有条，资金周转率有了很大提高，生意也步入了正轨。

2. 减少应收账款的四大方法

应收账款拖欠是小生意资金周转的另一大"隐形杀手"。如果总是让客户赊账，而钱又收不回来，那么自己就无力支付供应商和员工的费用，生意迟早会陷入困境。减少应收账款的拖欠，关键在于管理好客户信用和结账时间。

（1）建立信用评估机制。并非所有客户都可以赊账，要先评估客户的信用状况，以免未来出现追款难题。

（2）设置严格的付款期限。明确规定付款时间，并在合同中加入违约条款。可以适当引入滞纳金制度，以此督促客户按时付款。

（3）提供便捷的付款方式。简化客户的付款流程，提供多样化的支付选择，如线上转账、移动支付等，减少因支付不便而导致的拖延。

（4）定期催款，保持沟通。一旦发现客户付款逾期，要及时跟进并催款，避免拖延时间过长。保持良好的客户沟通，也有助于化解账款问题。

老孙经营着一家五金批发店，很多老客户习惯赊账。开始他不好意思催款，结果一笔应收账款拖了半年都没收回来，资金压力越来越大。老孙后来痛定思痛，制定了严格的付款期限，要求所有新客户一律预付部分货款，老客户则必须按合同结账。如果逾期，他会第一时间联系客户催款，确保现金流不会出现问题。

"应收账款就像借出去的钱，能早收回来，才是自己的。"

3. 与供应商谈判的四大策略

供应商的付款条件直接影响资金周转。付款方式不灵活、账期过短，都会增加资金压力。与供应商谈判，争取更有利的付款条件，不仅能减轻现金流的压力，还能为生意留出更多灵活操作的空间。

（1）延长账期。如果你的生意稳定，可以尝试与供应商谈判，延长账期。例如，由现款支付改为30天或60天付款，这

第五章
算好这笔账，小生意才能有收益

样能让你在售出产品后再支付货款，从而大大减轻资金压力。

（2）分期支付货款。特别是在大宗采购时，可以和供应商协商分期付款。这样可以避免一次性支出大笔资金，保持现金流平稳。

（3）批量采购争取折扣。如果有能力，可以通过批量采购向供应商争取折扣，同时要求更好的付款条件。但要注意，量大可以谈价，但要确保库存不会积压。

（4）建立长期的合作关系。与供应商建立长期合作，按时付款，维护良好的信用记录。这样在谈判付款条件时，供应商往往愿意给出更多优惠和灵活性。

阿杰经营着一家电子配件店，每次进货都需要提前支付全款，导致资金周转非常紧张。于是，他主动找供应商谈判，表达了长期合作的意愿，并根据自己生意的实际情况，要求将付款方式改为货到付款。经过多次协商，供应商同意了他的请求，不仅延长了账期，还给出了小幅折扣。这让阿杰的资金压力大大减轻，生意也更加灵活。

"谈判不仅要会讲价，还要会争取时间。账期长一点，现金就活一点。"

提高资金周转效率是小生意长期健康发展的关键。通过缩短现金周转周期、优化库存管理、减少应收账款拖欠以及与供应商协商更灵活的付款条件，可以大大提高资金的利用率，增强抗风险能力。记住：每一分钱都在工作，工作效率越高，生意就越稳固。"管好钱，钱才能帮你管好生意。"

保持健康的现金流

现金流如同生意的生命线一般，它决定着你的生意能否健康地运转。高昂的运营费用、巨额的贷款和未偿还的债务都会对现金流产生巨大的冲击。现金短缺，就像人体的血液循环出现问题，轻则导致经营滞缓，重则资金链断裂，直接导致生意失败。

假设你是烤串销售商家，每卖出一串烤串即可即时收到货款。在零售行业中，资金回笼通常较为迅速。然而，若你的业务回款周期较长或者项目执行周期较长，那么你应如何应对每日的营运开支以及每月的工资支付呢？一旦资金链断裂，即便看似盈利的业务，也可能因此陷入困境而失败。

例如，经营一家家电零售店，需支付的固定费用有库存货品的进货款（即便存在账期，但到期仍需支付）、场地租金、员工薪资、推广费用以及水电开支等。这些现金支出是硬性的，任何一项未能及时支付都会影响店铺的正常经营。而在收入方面，客户有时会采用信用卡、支票、统一结账等方式，致使回款周期延长。这便需要你在支付与收入之间维持一种平衡。

为了确保现金流的稳定，以下八个技巧可以帮助你有效管

第五章
算好这笔账，小生意才能有收益

理现金流：

1. 催收应收账款

需及时处理客户延迟付款的问题，时间拖延越久，回款风险就越大。切不可因业务繁忙而忽视催款事宜。收款是业务的重要环节之一，坏账所带来的损失可能远超几笔交易的利润。应建立清晰的账目管理系统，随时跟踪客户的付款情况，以确保能够及时采取行动。

2. 设定严格的付款条件

可通过设定严格的付款条件，要求更多客户采用现金交易，如此能够增加现金流，并降低坏账风险。当然，这可能会导致部分客户流失，因为较为宽松的付款条件通常会带来更多订单。所以，关键在于找到适合自身业务的平衡点。

3. 不为未清账单的客户继续提供服务

若客户未按时付款，除非对方结清旧账，否则不要继续提供服务或产品。创业者尤其容易陷入此种困境，因碍于情面或心存侥幸而继续提供赊账服务，结果使自身陷入更大的财务风险。

4. 提供提前付款折扣

为鼓励客户提前付款，可以给予一定的折扣优惠。尽管这在一定程度上会影响利润，但能够缓解现金流紧张的局面。在特殊时期，如即将面临资金短缺时，适当的提前付款折扣策略能够帮助企业渡过难关。

5. 设置延迟付款罚金

在合同中明确约定，逾期付款将面临罚款。规定每逾期一天，客户需支付一定比例的罚金（如1%）。这一条款不仅能够督促客户按时付款，还能在一定程度上保障公司的现金流。如果客户拒绝接受此类条款，也意味着对方对准时付款缺乏信心或诚意。

6. 合理控制库存

供应商通常会以高折扣或其他优惠措施诱导企业大量进货，但这可能导致库存积压，进而影响现金流。尽管享受大折扣看似划算，但也要结合实际销售预期，合理控制库存，避免资金过多被库存占用，致使现金流紧张。

7. 借助短期借贷

当现金流不足时，可以向金融机构或个人借贷以解决短期资金问题。需谨慎规划，确保借款到期时有能力偿还。此外，绝对不能因短期困境而冒险借高利贷，以免给企业带来更大的财务风险。

8. 削减不必要的开支

在设备或人力支出方面要灵活应对。对于一些昂贵但使用频率不高的设备，租赁可能是更好的选择。例如，小型地产公司可以将 3D 渲染工作外包，而非自建昂贵的渲染机房。等业务规模扩大、需求增加时，再考虑购买设备。如果公司初期需求有限，外包往往更加经济。

管理现金流的核心在于找到收支之间的平衡点，避免资金链断裂。及时催收应收账款、优化付款条件、合理控制库存以及灵活应对借贷和开支等措施，都是确保企业健康运转的关键。精明的现金管理不仅能够避免企业陷入财务困境，还能帮助企业在扩展业务时保持稳健的资金流。因此，无论企业规模大小，管理好现金流都是经营成功的基础。

财务上做到公私分明

很多小生意的创始人通常也是自己店里的主要负责人。他们将生意视为自家的事情，认为店里的钱就是自己的钱（自己的钱也被看作等同于店里的资金）。于是，个人开销与店里的现金混为一谈。平时想买什么东西，直接就从店里收取的货款中拿取。有时候手头紧了，或者家里有较大额的开销时，就直接从店里的营业款中拿钱，觉得只要生意还在持续，回头再补上就行。然而，这种公私不分的做法，最容易使得店里的资金在不知不觉中被抽空，而自己却还没有意识到问题的严重性。

2010 年，老李开设了一家小餐馆，生意一直颇为红火，每天都能收到不少现金。手中有了钱，花起来也就不那么谨慎了，虽说不像那些大手大脚的富人那般挥霍，但花钱也算是比较大方。再加上老李为人仗义，朋友有困难向他借钱时，他向来毫不迟疑。

结果，餐馆开了三五年，按理说应该赚了不少钱，可仔细一核算，兜里却没剩下多少钱。从2015年开始，生意逐渐下滑，进账减少了，老李很快就感受到了资金压力。如今，他一边四处催促收回之前借出去的钱，一边到处借钱来周转，勉强维持着生意的运转。

"这生意是自己的，用店里的钱怎么就不行呢？"这是许多小本生意人内心的困惑。在小企业中，公家的钱与自家的钱混在一起是常有的事，但这绝非良好习惯，它会使账本变得混乱不堪，给企业的长远发展埋下隐患。

想要把小生意做大做强，不仅要擅长做生意，还得懂得管钱。很多时候，资金紧张是生意走下坡路的信号。将公司的账目与家庭的账目分开，各自核算，不仅能够清晰地节省税款，还能防止家庭的风险与公司的风险相互混淆，避免出现一荣俱荣、一损俱损的局面。

在小生意的经营中，许多创始人常常忽视了给自己发放固定工资这一重要环节。给自己发放固定工资，能够在生意和家庭之间建立一道明确的财务界限。生意的波动不会直接影响家庭的安稳，家庭的需求也不会过度干扰生意的发展。无论是在生意顺利时还是面临困难时，固定工资都能让创始人更加从容地应对，合理分配资源，确保家庭和生意都能持续健康发展。

第六章 用 AI 对接你的小生意

每个时代都有自己的密码,当下财富风口已经悄然出现。当下的 AI 技术(人工智能),就是 100 多年前的电力与内燃机。而如今,AI 技术正以惊人的速度快速崛起,它的影响力也在逐渐向各个领域渗透,为众多行业带来了全新的发展机遇。谁率先用起来,谁就能尽享技术红利。

第六章
用AI对接你的小生意

◎ 现在就AI，抢先一步

AI虽然是高科技，但运用这一高科技工具并不需要特别高的能力。这就如同智能手机、互联网、新能源汽车等充满科技感，但我们使用起来并不困难。而且，从客观角度来看，越是高科技的东西，操作往往越是趋向于"傻瓜化"。

技术是具有红利的，谁能够率先运用AI，谁就能够在众多竞争者中脱颖而出。

小许在社区经营着一家文具店，平日里需要处理进货、盘点、销售等诸多烦琐事务。刚开始的时候，他习惯每个月手动进行库存盘点，但常常因为忙不过来而导致库存记录出现错误，不是某些商品已经缺货了却还不知道，就是有些商品积压过多。

后来，小许决定尝试使用AI智能库存管理系统。借助这套系统，库存的变化能够得到实时追踪，并且还能自动生成进货建议。如此一来，再也不用担心出现漏算、错算的情况了，而且还大大节省了时间。

"把重复的工作交给AI，你才能有更多的时间去创造客户喜欢的体验。"在大数据时代，如何精准地理解客户需求，制定合适的产品和营销策略，已经成为小生意成败的关键因素。

小生意大收益

AI能够帮助小企业从大量的数据中挖掘出有价值的信息，为决策提供可靠的依据。

小吴经营着一家线上服装店，生意还算可以，但他总觉得库存管理有些混乱，不清楚哪些商品应该多进货，也不了解哪些客户的消费习惯需要重点关注。以前他从来没有系统地分析过这些数据，只是凭借直觉作决定。

后来，小吴引入了一款AI数据分析工具，这款工具能够自动汇总订单信息和客户购买行为，并进行智能分析。AI告诉他，年轻女性客户更倾向于购买某些特定款式的服装，而一些旧款服装则逐渐失去了市场热度。

"有了AI，数据不再是冷冰冰的数字，而是指引你前进的风向标。"在你的日常工作中，重复性的任务，如回复客户询问、处理订单、管理社交媒体等，会耗费大量的时间和精力。这些工作虽然是必要的，但并不直接创造价值。AI工具可以自动化处理这些任务，让你的业务运营更加顺畅。

小钱开了一家餐饮店，生意很不错，但每天都有大量的客户通过社交媒体询问关于菜单、座位预订、营业时间等各种问题。起初，他亲自回复每一条消息，但时间久了，这变成了一项巨大的负担，不仅影响了他的正常运营，还降低了服务响应速度。

于是，小钱决定引入 AI 客服机器人。这款机器人能够自动回复常见问题，帮助客户快速获取信息，还能自动处理线上订座。AI 客服 24 小时在线，不会因为忙碌或疲劳而出现问题。小王的客户反馈比以前更加积极了，AI 客服的反应速度和准确率让客户感到满意。而小王也不再被这些琐事困扰，能够更好地专注于菜品开发和提升店内服务质量。

"AI 客服不知疲倦，让你的服务 24 小时在线，时刻为客户答疑解惑。"客户体验和精准的营销策略往往决定了小生意能够走多远。AI 不仅能够帮助你分析客户行为，还能制订个性化的营销方案，让你在竞争激烈的市场中脱颖而出。

AI 并不是遥不可及的高科技工具，学会简单应用只需要 10 分钟。无论是提升运营效率、洞察客户数据、自动化处理任务，还是优化营销策略，AI 都可以为你的生意带来实实在在的帮助。"AI 不是为了取代你，而是让你的小生意跑得更快、更远。"

以下推荐一些实用的 AI 工具：

（1）Tableau：能够帮助用户通过数据可视化来分析趋势，适用于各种业务场景。

（2）Google Analytics：提供网站流量、客户行为和转化率的详细分析，特别适合线上商店。

（3）Copy.AI：可以快速生成各种类型的文案，适合营销、广告等领域。

（4）Jasper.AI：专门为市场营销和内容创作者设计的 AI 工具，能生成高质量的文案。

（5）AdEspresso：由 Hootsuite 推出，帮助用户轻松创建和优化 Facebook 和 Instagram 广告。

（6）Google Ads：通过 AI 自动优化广告投放，帮助用户提高广告效果。

（7）Siri、Google Assistant：可以用于日常语音指令，管理日程、提醒等。

（8）Otter.AI：语音识别和转录工具，适合录音转文字或实时语音识别。

常见的AI工具

ChatGPT 能按你的需求，写出各种文本，例如，你要更新个网站内容、写个博客、弄个报告，甚至是编个程序、写首诗、编个故事等，它都能搞定。这些功能对于内容创作者来说，简直就是救星，能帮你省下不少时间。

它还能当聊天机器人，24 小时在线，回答顾客问题，处理售后咨询，或者当你的私人助理。它记性好，能记住你们之前的对话，聊天时能接上话茬，感觉就像真人一样。

第六章
用AI对接你的小生意

你要是有外国客户，ChatGPT 还能帮你翻译，把一种语言的文本翻译成另一种，这样你就能和全世界的客户打交道了。它还能帮你总结长文章或者视频内容，给你来个摘要，让你快速抓住重点。想做个视频宣传你的小店？ChatGPT 能帮你把文本内容变成视频。

日常管理方面，ChatGPT 能帮你搜索信息、管理日程、设置提醒等。教学上，ChatGPT 能帮你设计课程、准备教案、评估作业、找研究资料等。营销和搜索这块，ChatGPT 能帮你写营销文案、翻译内容、研究关键词、优化搜索引擎排名等。

客户服务上，ChatGPT 能帮你提供多语言支持、个性化回复、快速响应咨询和投诉、写邮件、分析客户情绪等。

招聘新员工时，ChatGPT 还能帮你出面试题、准备培训材料、写工作描述等。

ChatGPT 就像你的智能小秘书，能帮你处理各种杂事，让你更专注于生意本身。

ChatGPT 是个多才多艺的 AI 助手，能帮你解决不少生意上的问题。但有些活儿还得找更专业的 AI 工具来干。例如，你的小店里要是需要做些复杂的数据报表，那还是得用那些专业数据分析 AI 软件；或者你开了个网店，需要识别图片上的瑕疵，那就得用那些对图像识别有一套的 AI 系统。

就像你家里的工具箱，里面有锤子、有螺丝刀等，不同的工具干不同的活儿。AI 工具也是这个道理，每个都有自己最拿手的领域。所以，虽然 ChatGPT 是个"万金油"，但遇到特别专业的任务，还是得找更专业的 AI 工具来帮忙。这样，才能保证活儿干得又快又好，生意也才能更上一层楼。

下面介绍一些更专业的一些 AI 工具，便于你选择。

1. 图像生成与设计

（1）Canva AI 工具

Canva 已经是很多小企业主的设计"救星"，而它的 AI 的设计辅助功能能让你如虎添翼。你可以用它快速创建专业感十足的海报、社交媒体图片和宣传材料等，拖放式操作非常简单，连设计经验都不需要。你只需选择模板，AI 会帮你智能排版，让你的营销素材更具视觉冲击力。

（2）DALL-E

如果你想要一个独一无二的品牌视觉元素，如个性化的 Logo 或者宣传图片，DALL-E 就是为你量身定制的工具。你只需输入一些描述，AI 就能根据你的需求生成独特的图像。这对小企业特别友好，既能省下设计费，还能确保你的品牌风格与众不同。

2. 语音识别与客服自动化

（1）Google Speech to Text & Text to Speech

如果你的生意依赖电话客服或需要处理大量语音咨询，Google 的这两个工具会是你的得力助手。它可以把客户的语音咨询快速转换为文字，让你轻松记录客户的订单或需求。同时，借助 Text to Speech 技术，你还可以实现自动语音回复，给客户带来更流畅的语音交互体验。这些工具不仅能帮助你节省时间，还能提高客户的满意度。

（2）Resemble AI

这款工具非常适合想要提升品牌独特性的企业。你可以用 Resemble AI 为自己的品牌打造专属的语音合成助手，配合个性化的语音提示或自动化语音客服服务。无论是自动化回答常见问题，还是给客户带来贴心的电话通知，这些都能在帮助你提高服务效率的同时，为你的品牌增添专业感和独特性。

3. 数据分析与商业决策

（1）Google Analytics

Google Analytics 是一个免费工具，能帮助你监测网站流量、追踪用户行为，并提供详细的数据报表，帮助你了解哪些营销渠道效果最佳、哪些页面最受用户欢迎。再结合 Google 的智能分析功能，你可以深入挖掘数据背后的趋势，优化你的营销策略，精准投放广告，最大化推广效果。

（2）Data Robot

如果你对数据分析有更高的需求，Data Robot 是一个理想的选择。它提供自动化机器学习模型，使小企业主无需专业数据科学知识也能构建和应用预测模型。例如，它可以帮助你预测未来几个月的销售情况，分析库存需求，甚至找出不同产品或服务的市场潜力。这样的洞察将帮助你更科学地规划库存、调整销售策略，避免不必要的损失。

4. 流程自动化与任务管理

（1）Zapier

它是一个流行的无代码自动化平台。它允许用户通过简单的拖放界面连接超过 3000 个应用程序，从而自动化各种业务流程。Zapier 的集成库非常庞大，几乎可以满足所有工作流程需求。

（2）UiPath

如果你在运营中需要处理大量重复的工作，如发票处理、订单管理、客户数据录入等，UiPath 可以帮助你自动化这些流程。通过机器人流程自动化（RPA）技术，UiPath 能模拟人类操作，完成原本由人工执行的烦琐任务。例如，当有新订单时，UiPath 可以自动生成发票，更新库存系统，甚至将数据录入到财务软件中。通过减少人工干预，你不仅能大大提高工作效率，还能防止人为错误的发生。

5. 营销与客户管理

（1）HubSpot CRM

HubSpot 的客户关系管理（CRM）系统专为小型企业设计，尤其适合那些希望高效管理客户关系但没有太多技术资源的小生意。HubSpot 结合了 AI 功能，帮助你自动跟踪潜在客户的互动行为，管理销售渠道，并通过个性化的自动化营销功能提升客户互动效率。无论是通过邮件、电话还是社交媒体，HubSpot 都能帮助你自动化日常客户沟通，确保你不会错过任何一个潜在的销售机会。而且，它的基础版本是免费的，非常适合预算有限的小企业。

（2）Hootsuite

社交媒体运营是一个重要的营销渠道，但管理多个平台、规划内容发布可能会耗费大量时间。Hootsuite 不仅支持同时管理多个社交媒体账号，还结合了 AI 分析功能，帮助你了解每一篇帖子的表现如何。它可以提供关于什么时候发布内容、哪些内容更受欢迎的建议，让你能够更科学地规划社交媒体发布计划。此外，Hootsuite 还能自动化发布流程，提前安排好内容，减少手动操作，让你的社交媒体营销变得更加高效。

6. 自动化文案和创意生成

（1）Wordtune

小生意要想在市场上打出名声，好的营销文案和吸引人的视频内容是关键。这个工具就能帮你忙。它可以快速写出或者改进你的广告词，保证你的宣传文案不仅清晰明了，还能吸引眼球。

（2）Lumen5

它是一个 AI 视频生成器，能把你的博客文章或者营销文案转换成短视频。这对于小企业来说特别实用，尤其是在社交媒体上推广的时候，一段好看的视频能帮你吸引更多的关注和流量。

这些工具的价格相对较为亲民，并且易于上手，能够帮助商家自动化流程、提高营销效率和客户体验。根据你的小生意的具体需求，可以选择其中几种进行尝试。

如何用AI写各种文案

在这个数字化时代，AI已经悄悄地走进了我们的工作，尤其是在写东西这事儿上。不管你是开小店的小老板、搞营销的专家，还是自由职业者，AI都能帮你快速地写出既好看又实用的文案。它能帮你省下不少时间，同时还能让你的创意和表达更加精准。

但是，有些人对AI写作还是有点不放心，觉得AI写出来的东西可能不够温暖，或者担心它写的东西不够有味道。

其实，AI文案工具用起来并不难，也不会那么死板。只要你用得好，输入的信息合适，AI就能成为你写文案时的得力助手。它能帮你写出各种类型的文案，无论是广告、博客、社交媒体帖子，还是产品介绍。

如何利用AI这个工具，让你的文案既有吸引力又有创意？

第六章
用AI对接你的小生意

1. 广告文案：简单有力，直接击中目标客户

广告文案的目的是在最短的时间内吸引目标客户的注意。因此，文案必须简洁有力，并且精准传达产品的核心卖点。通过AI写广告文案，不仅可以大大提高效率，还能让你在不同的场景下快速生成适合的内容。

（1）聚焦一个卖点，不要贪多

小生意的广告文案要专注于一个核心卖点，避免信息过载。使用AI时，你可以通过简短的输入，让AI帮你聚焦某个具体的产品特点。

Text：写一段广告文案，卖点是我的产品是一款"新鲜现做"的烘焙食品。

AI会生成简洁的文案，例如，"刚出炉的温暖，口感香甜，每一口都是现做的新鲜"。这样，你的客户会直接明白核心卖点是什么。

（2）适当使用"情感钩子"

通过情感化的语言，可以让文案与顾客产生更深的情感连接。在使用AI生成文案时，你可以加入一些生活场景或情感元素，让顾客产生共鸣。

Text：为我的咖啡店写一个情感化的广告文案，目标是让顾客感受到喝咖啡的治愈感。

AI生成的文案可能是："每天一杯咖啡，治愈所有疲惫。"

这类文案不仅传递了产品的功能，还通过"治愈"这个情感元素引起了顾客的心理共鸣。

（3）利用"行动号召"

广告的最终目标是让顾客采取行动。因此，好的文案需要明确告诉顾客下一步要做什么，如购买、访问网站或来店体验等。你可以通过AI生成包含行动号召的文案。

Text：为我的咖啡店生成一条带有行动号召力的广告文案，目标是吸引顾客点击下单。

AI会生成类似这样的文案："来一杯专属咖啡，激活你今天的好心情。点击下单，马上享受优惠！"这种文案既强调了情感需求，又提供了明确的下一步行动，引导顾客作出决定。

使用AI时，要清楚明确地告诉AI你产品的核心卖点。通过AI让文案更加贴近顾客的生活和情感需求。生成包含明确指引顾客下一步行动的文案，提升转化率。AI是一种工具，它可以帮助你快速生成多种版本的文案，通过反复试验和微调，你可以找到最适合你的小生意的表达方式。

2.社交媒体文案：互动性强，借势热点

在社交媒体上打广告，跟传统广告不一样，它讲究的是跟顾客的互动，如让人家给你点个赞、留个言或者转发一下。社交媒体上的文案不光要告诉别人你的产品有多好，还得能激起大家的讨论，触动人心，让顾客自发地帮你宣传。不同的社交媒体平台对文案的风格和字数有不同的规矩，AI 就能根据这些特点，写出适合不同平台的文案，帮助你更好地适应不同渠道。

（1）掌握平台特点，量身定制文案

每个社交媒体都有自己的说话风格和互动方式。例如，在微信朋友圈或者微博发东西，你可以多写点字，多跟粉丝互动；而在 Instagram 或者 TikTok 上，就得用简洁有力的文字，再配上好看的图片或者视频。所以，用 AI 写文案的时候，你可以告诉 AI 你想要哪种风格，适合哪个平台，AI 就能帮你写出合适的文案来。

Text：为微信生成一条适合小型服装店秋季新品推广的文案，突出时尚与温暖的特点，鼓励用户分享或评论。

AI 生成的文案可能是："秋季新款已上架，温暖与时尚兼备，给这个秋天增添一抹亮色！快来挑选你的风格吧！评论告诉我们你最喜欢的款式，或分享给朋友一起选购！"

（2）利用热点或节日话题，制造话题性

社交媒体的传播速度快，借势热点是扩大影响力的有效方式。通过 AI，你可以生成与节日、热点相关的文案，让你的品牌在合适的时机抓住眼球。例如，在节日期间发布促销信息时，可以引入节日元素，提升内容的针对性和互动性。

Text：为微博生成一条适合中秋节的新品服装促销文案，带有中秋氛围，鼓励用户参与互动。

AI生成的文案可能是："中秋佳节，礼遇不停！秋季产品上新，让你在这个温暖的节日里既有风度又有温度。快评论告诉我们你最喜欢的节日穿搭，有机会赢取限量礼品哦！"

（3）善用短视频和图片，增强视觉吸引力

在Instagram或TikTok等视觉导向的平台上，文案要尽量简洁明了，同时配合高质量的图片或短视频来吸引用户的注意。AI生成文案时，可以让它给出视觉搭配建议，如图片或视频的风格，以便文案与内容保持一致性，增强吸引力。

Text：为Instagram生成一条适合小型服装店秋季新品推广的文案，鼓励用户使用图片或视频参与互动。

AI生成的文案可能是："秋天来了，你的时尚准备好了吗？上新秋装，时尚与温暖并存！快拍下你的秋日风格，标记我们，与你的朋友分享秋季穿搭灵感吧！秋季新品时尚搭配。"

如果你想在不同的平台推广新品，通过AI生成的文案可能会有所不同。针对微信和微博，你可以让AI生成略微详细的推广信息。

Text：请为微信生成一条服装店秋季新品推广文案，鼓励用户评论或分享。

AI生成的文案可能是："秋季新品抢先上架，时尚与温暖完美结合，来挑选属于你的秋季风格！评论告诉我们你最喜欢的款式，或者分享给朋友一起选购，享受限时折扣！"

对于Instagram，你可以让AI生成简短而视觉化的文案。

第六章
用AI对接你的小生意

Text：为Instagram生成一条适合秋季新品推广的文案，配合图片或短视频。

AI生成的文案可能是："秋季新款上架，温暖与时尚随时在线！快来看看你的秋季必备单品吧！时尚穿搭秋季风格。"

（4）设置互动性问题，鼓励参与

互动性是社交媒体文案的核心。在发布新品推广文案时，你可以通过向用户提出问题或设置互动环节来增加评论和分享。例如，可以询问用户的喜好、推荐最喜欢的产品等。

Text：为微信生成一条鼓励互动的文案，推广秋季服装新品。

AI生成的文案可能是："秋季新款已经上架，你最喜欢哪款？告诉我们你中意的风格，评论区见。还可以邀请朋友一起选购，享受好友专属折扣！"

"社交媒体的文案，不是自说自话，而是引发共鸣与互动。"AI能够帮助你生成贴近社交热点的文案，既能传递产品信息，又能与顾客建立更深层次的互动，进一步增强品牌在社交平台的传播力。使用AI生成社交媒体文案，不仅可以节省时间，还能提高文案的社交性，帮助你的小生意在不同平台上赢得更多关注和互动。

3. 博客和长篇文章：结构清晰，内容丰富

写博客或者长文确实费时费力，特别是当你忙得团团转，

没空坐下来慢慢琢磨的时候。这时，用AI来搭个文章的架子，就能帮你省不少事儿。你只要给AI几个关键词，它就能迅速给你拉出个大纲，帮你把想法整理清楚，最后你写起来也快多了。

对于小生意主，撰写长篇文章时，采用"分段写作法"能让你更有效地管理时间和精力。你可以让AI帮你一段一段地写，每次就专注写好那么一小节。这样，哪怕你一天只能挤出一点零碎的时间，也能一点点把文章给凑完整，质量还不差。

Text：生成一篇关于"如何为小企业进行市场营销"的文章框架，并为每个部分提供简单的描述。

AI的回复可能是："什么是市场营销？——介绍市场营销的基本概念和重要性。

"小型企业面临的营销挑战——探讨小企业在资源有限的情况下所遇到的常见问题。

"利用社交媒体进行推广——解释如何通过社交平台进行有效且低成本的品牌推广。

"低成本的营销策略——提供一系列适合小企业的经济实惠的营销方法。

"持续优化与改进——强调不断调整和优化营销策略以取得更好效果。"

有了这个结构后，你可以依次扩展每一部分的内容，生成一篇内容丰富、条理清晰的文章。AI的优势在于，它可以快速为你提供框架,甚至可以帮助你扩展思路,提供更多的写作灵感。

"写作不是为了填满页面,而是为了传递清晰的思想。"AI的智能生成让你的写作不再从零开始,它为你提供灵感、结构和思路,极大节省了时间。

4. 产品描述:突出独特卖点,创造差异化

在电商平台上,产品描述的质量直接影响用户的购买决策。好的产品描述不仅要精准地介绍产品的功能,还要通过简洁明了的语言引发顾客的兴趣和购买欲。使用AI写产品描述,可以帮助你快速生成既具吸引力又简洁的文案,尤其适合小型商家在有限资源的情况下提升效率。

在激烈的电商竞争中,差异化是关键。顾客往往会在多个相似的产品中选择购买,因此,在产品描述中强调你产品的独特卖点至关重要。使用AI时,你可以明确告知它产品的独特之处,如材质、功能或设计等,让描述更加个性化。

Text:为一款保温杯撰写产品描述,强调它的独特双层设计和12小时保温效果。

AI的回复可能是:"这款保温杯采用创新的双层不锈钢设计,长效保温12小时,适合户外运动、办公和旅行。时尚简约的外形,既耐用又轻便,让你的饮品时刻保持完美温度。"

通过突出保温时间和双层设计的特点,顾客会更加明确这

款产品的独特优势。"产品描述不仅仅是介绍功能，更是激发购买欲望。"通过突出产品的独特卖点并简明扼要地传递功能性，AI可以帮助你提升电商平台的购买转化率，让顾客更快作出购买决定。

5. 如何高效利用AI写作工具

现在，可能你已经迫不及待地想要尝试使用AI工具来写文案了。那么，具体应该怎么操作呢？

AI写作工具其实非常容易上手。像OpenAI的GPT模型、Jasper、Copy.AI等，都能根据你的需求生成不同类型的文案。你只需要输入关键信息，例如，你要推广的产品特点、目标客户群体、使用场景等，AI会为你生成一系列可供选择的文案。如果不满意，你还可以调整输入的信息，让AI生成更符合需求的内容。

初次使用时，你可以从简单的广告文案或产品描述开始，慢慢尝试更多复杂的内容，如邮件、博客或社交媒体文案等。在这个过程中，AI不仅能够加速你的写作过程，还能帮助你发现新的表达方式和灵感。

"AI的最佳使用方式，不是替代，而是赋能。"AI并不是要取代你作为创作者的地位，而是为你的创作提供支持，帮你更高效、更精准地表达想法。AI写作是创意与效率的完美结合。AI写作工具不仅为我们带来了便利，更让我们能够以更高的效率创作出高质量的内容。从广告文案到博客文章，从邮件营销到产品描述，AI都能提供多样化的写作支持。

当然，AI生成的内容可以是一个好的起点，但它依然需要你根据品牌调性和目标客户进行微调。最终的文案依然是由你把握的，但AI大大减少了从零开始的痛苦，为你提供了更多创作的自由和灵感。

"AI是工具，而你，才是赋予文字灵魂的那个人。"

"自媒体+AI"

AI并非用于取代创作者，而是用于赋能创作。在当下的内容创作领域，自媒体与AI相结合的趋势日益显著。AI不但让创作变得更为轻松，还能使你的内容创作能力成倍增长。现在，我们将通过一个实际案例，来阐述如何借助"自媒体+AI"的模式，迅速打造属于你的小生意，并为你提供一些实用的技巧和建议。

在小红书上，有一位成功的博主通过结合AI工具，展示了独居女性的日常生活，在短短的时间内，粉丝突破72.8万，获得超过652.5万的点赞与收藏。她的起号路径并不复杂，通过AI工具辅助完成内容创作，迅速吸引了大量关注。她每条广告的单价高达3.8万元，这背后蕴含的创作模式值得我们借鉴学习。

小生意大收益

1. 找到适合的赛道

选择一个适宜的赛道是自媒体获得成功的关键。这位博主选择了"独居女性生活"这一赛道,巧妙地将 AI 生成的插画与现实生活视频记录(Vlog)相结合,呈现出一种浪漫的独居生活方式。这种风格不仅打动了众多观众,还激发了许多单身女性的情感共鸣,让她们在内容中找到了自己生活的影子。

在开始自媒体创作时,找到一个适合你的内容方向,并结合你的个人优势与 AI 工具的技术优势,打造独特的内容风格,这是实现快速涨粉的第一步。

2. 使用 AI 编写脚本和生成内容

善于运用 AI 工具,能让你的想法更快、更好地实现。这个博主在创作中充分利用了多个 AI 工具,极大地提升了她的创作效率和内容的精致程度。她通过以下步骤实现了内容的高效生产:

(1)使用 GPT 编写脚本

利用 GPT 模型(如 GPT4),能够帮助快速生成 Vlog 的文案脚本。博主根据 Vlog 的内容需求,告知 AI 生成每个场景的描述和台词,并为每一页生成相应的关键词。这种方式不仅让她节省了大量编写脚本的时间,还确保了每一篇内容的主题鲜明、风格统一。

（2）使用 MidJourney 生成图片

博主通过 AI 绘画工具 MidJourney，输入与日常生活相关的关键词，让 AI 生成风格统一、人物形象生动的插画。这些插画让她的 Vlog 内容更具艺术感，也吸引了不少粉丝的关注。

（3）使用图片动态化工具

静态的插画生成后，博主使用 AI 工具将这些图片动态化。通过即梦 AI 或 Runway 等工具，图片将变得更加灵动，生动的视觉效果给观众带来了不一样的感官体验。

（4）后期剪辑和制作

最后，将所有素材进行整合，通过添加动态元素、搭配背景音乐等，剪辑成完整的视频。通过 AI 工具与人工的结合，这些 Vlog 作品不仅富有创意，还能快速出品，满足观众的需求。

3. 赛道分析与调整

内容创作要与观众产生共鸣，只有真情实感才能打动人心。在自媒体领域，要想走红，选对话题并随时调整方向至关重要。就像那位博主，她的内容不仅展示了单身女性如何过得有滋有味，还摸准了观众的心理。她通过分享单身女性如何追求自我提升和进行情感疗伤，吸引了一大波渴望自我成长和寻求心灵慰藉的粉丝。

无论选择什么赛道，内容创作的本质都是与观众产生情感共鸣。无论是独居女性的生活，还是乡村生活的美学表达，内容的核心都应回归到观众的情感诉求上，这样才能实现真正的吸粉效果。

4.AI 工具提升内容创作的核心价值

借助 AI，小生意的创始人们也能轻松创作出好看又吸引人的内容。下面这些经验，都是那些利用 AI 进行创作的博主们总结出来的。

（1）AI 让创作变得简单

有了 AI 工具，你就算不是写作高手或者设计大师，也能制作出像模像样的文章和图片。这就好比给每个人都发放了一张创作的入场券，让更多的人都能参与进来。

（2）AI 让创作速度加快

从打草稿、找图片到剪辑视频，AI 工具都能为你节省不少时间。以前需要花好几天才能完成的事情，现在可能几个小时就搞定了。这对于每天都得更新内容的小生意创始人来说简直就是救星。

（3）AI 让创作玩法更多样

AI 还能帮你尝试一些以前想都不敢想的创作方式。例如，把真实的照片变成卡通画，或者让静止的图片动起来等，这些都是 AI 带来的新玩法。这样的内容更能吸引顾客，让他们对你的小店保持好奇和兴趣。

第六章
用AI对接你的小生意

AI工具为小生意的内容创作带来了新的可能性和机遇。用好这些工具，你的内容不仅能更有创意，传播效果也能更好。

不管你是刚开始尝试内容创作的新手，还是已经拥有一定粉丝基础的老手，AI都能为你打开新的创作大门。记住，AI不是来抢你饭碗的，它是来帮你更快实现创意，让你的生意更上一层楼的。

AI赋予你的是超能力，但引导这个能力方向的，永远是你自己。在自媒体时代，每个人都是创作的主角。而AI这个强大的工具，则是我们创作时的有力助手。

◎ "街拍小摊+AI"

AI技术的迅猛发展为小本经营带来了新的发展机遇。特别是那些成本低、操作简便的项目，更是让不少怀有创业之心的人蠢蠢欲动。例如，当下流行的"街拍小摊+AI"模式，就是一个小投入、大回报的绝佳创意。你无须投入大量资金，只要拥有一台手机或者笔记本电脑，运用AI软件，就能通过为他人拍照轻松赚取第一桶金。

在某个小镇的夜市中，小张留意到许多年轻人喜欢拍照留念。于是，他萌生了一个主意，在夜市里摆起了一个街拍小摊，利用AI技术为顾客拍摄个性化照片。顾客拍完照片后，小张就使用AI软件迅速修图，制作出各种风格的艺术照，然后立即在设备上向顾客展示效果。如果顾客满意，就可以直接购买电子版或者打印出来的照片。

精准把握客户需求，生意自然红火。从最初的美颜滤镜，到后来的变脸效果、手绘漫画风格，小张的街拍小摊很快就积累了一大批忠实粉丝。关键在于，这个小本生意几乎无需多少成本，拍照用手机即可，AI软件操作起来也十分简单，稍微学习一下就能轻松掌握。

"街拍小摊 + AI"的模式之所以具有吸引力，不仅在于它的简便、易操作，还因为它几乎没有成本压力。无论你是在夜市、商场入口，还是在景区门口，这种摆摊模式都非常适用。而且，借助AI技术，你还能为客户带来全新的体验。

低成本入门，摆摊不需要昂贵的设备，手机、平板或笔记本电脑就足够了。AI软件的使用成本低廉，有些甚至是免费的。如果你是新手，完全可以从免费的AI工具开始尝试，等生意步入正轨后再考虑升级设备和工具。

操作简单，人人可为。即使你对摄影技术并不熟悉，通过AI工具的辅助，你依然能够为客户提供高质量的写真服务。例如，Canva能在短时间内将普通照片转化为艺术作品。只需几分钟，AI就能帮你完成从照片处理到风格设计的全过程。

第六章
用AI对接你的小生意

拍照是一项几乎人人都有需求的服务,尤其是在一些人流密集的场所,如夜市、景区或节庆活动现场等。人们愿意花钱购买那些富有艺术感、个性化的照片,特别是在看到即时效果之后,客户的购买欲望会极大增强。

摆摊虽然简单,但要使其变得富有吸引力,还需要一些创意和技巧。AI可以在多个方面帮助你提升服务质量,让你的摊位在众多竞争者中脱颖而出。

传统的拍照服务通常需要时间进行后期处理,而通过AI工具,你可以为客户提供即时的修图和美化服务。AI不仅能美化照片,还能捕捉情感,让虚拟的拥抱变得真实。

后来,在某次夜市活动中,顾客提出想要一张拥抱的合影,但现场只有一个人怎么办?小张灵机一动,利用AI生成技术,在照片中加入了顾客提供照片中的另一位"拥抱者"。通过AI,他为照片中的人物创建了一个和谐温馨的拥抱场景,完美满足了顾客的情感需求。这个创意让顾客备感惊喜,当场付费打印,并且迫不及待地分享给朋友。随着这个创意的传播,小张的摊位很快就吸引了更多好奇的顾客,生意十分火爆。

每个人都希望自己的照片独一无二。通过AI生成不同的艺术风格,能够让普通的照片看起来更具创意。你可以提供手绘风格、油画风格、动漫风格等多种选择。客户可以根据自己的喜好选择照片风格。这种定制化服务不仅让客户有更多选择，也增加了成交的可能性。

在某次街头活动中，小李为顾客提供了多种照片风格选择。他通过 AI 将顾客的照片转化为水彩画、油画等艺术风格。不同风格的作品让顾客爱不释手，许多人愿意多花钱购买几种不同风格的照片。

除了静态照片，AI 还可以帮助你生成简单的动态效果或短视频。你可以利用 AI 软件将拍摄的照片转化为动感十足的小视频，或者将多张照片结合生成幻灯片形式的小动画。顾客不仅能拿到静态的写真，还能收获一个专属的小视频，体验感和价值感大幅提升。

如果你也对"街拍小摊 + AI"感兴趣，以下是一些实用的建议，能帮助你快速入门。

1. 选好位置

摆摊的成功在很大程度上取决于选址。人流量大的地方，如夜市、景区、公园或商业街等，都是不错的选择。这些地方的客户群体广泛，拍照需求也较高。

2. 准备设备和 AI 工具

一部性能良好的手机、一台笔记本电脑或平板，就足以满足基础的拍摄和处理需求。选择一个或多个免费的 AI 工具，如 Canva、DeepArt 等，来帮助你美化和处理照片。

3. 学会与客户互动

摆摊不仅是提供服务，更是与客户建立联系的机会。在拍照和美化过程中，及时与客户互动，了解他们的需求并推荐合适的服务。良好的沟通不仅能提升客户的满意度，还能带来更多的回头客。

4. 多样化服务

提供更多元化的服务选项，如不同风格的艺术照片、静态与动态照片相结合甚至是个性化视频生成。通过这些额外的服务，增加收入的机会也会更多。

AI 让小生意更具创造力。在这个人人都可以成为内容创作者的时代，"街拍小摊 + AI"是一个几乎零投入但回报丰厚的小生意模式。如果你想创业却又担心资金问题，不妨试试这种模式的创意小生意。通过合理运用 AI 工具，创造出独特的服务体验，收获满意的客户和丰厚的收益。

◎ "儿童绘本+AI"

搭乘人工智能的快车，创业的人越来越多。尤其是当下那些用于 AI 画图和创作故事的软件，使得制作儿童绘本变得简便快捷且效率极高。借助这些软件，你能够迅速创作出一本像模像样的儿童绘本，然后将其放到亚马孙 KDP（Kindle Direct Publishing）平台上销售，这就是一条几乎无须投入资金的小生意通道。

1. 故事创作：有策略地生成儿童绘本情节

儿童绘本的核心在于简单有趣且具有教育意义的故事，同时，这些故事还需能引起孩子和家长的共鸣。利用 AI 写作工具如 ChatGPT，你可以快速生成故事情节。关键是要根据市场需求，选择受欢迎的主题，如情感教育、友谊、冒险等。

小张对亚马孙上畅销的儿童绘本进行了研究，发现"情感管理"类绘本极为受欢迎。于是，他通过 ChatGPT 输入了故事大纲："一个小男孩和他的宠物狗学会管理情绪的故事。" AI 迅速生成了完整的故事，其中包括细节和对话，内容温馨有趣，非常适合儿童阅读。小张根据自己的理解，对部分对话和场景稍加调整，使其更符合目标年龄段人群的需求。

AI 不但简化了创作过程，还能让每个故事精准直击市场需求。选择市场上热门的儿童绘本主题（如情感管理、冒险、知识教育等），通过 AI 生成相应的故事。务必保持故事简单且具有教育意义，让家长觉得物有所值。

2. 生成插图

插图是儿童绘本的灵魂所在，特别是对于学龄前儿童而言，吸引他们的主要是插图的视觉冲击力。使用 MidJourney 等 AI 绘图工具，你可以根据故事生成高质量、风格统一的插图，极大地简化了原本烦琐的绘画过程。

小张决定将故事中的宠物狗和小男孩设定为主要角色。他通过 MidJourney 输入"卡通风格、森林探险、小男孩和宠物狗"作为关键词，生成了一组充满童趣和生动色彩的插图。这些插图不仅与故事情节相契合，还为绘本增添了视觉吸引力，让孩子们能够通过图画更好地理解故事。

图画让故事变得栩栩如生，AI 让创作变得触手可及。要确保插图风格统一、色彩丰富，符合孩子的视觉审美。通过不断调整 AI 生成图像的关键词，找到市场上更受欢迎的插画风格，如卡通、简约、色彩鲜艳等。

3. 排版与设计

排版是儿童绘本阅读体验的重要组成部分。排版设计既要易于孩子阅读，同时也要符合家长的审美和需求。通过简单易用的排版工具（如 Canva），你可以将故事和插图进行合理布局，打造出高品质的儿童绘本。

小张选择了每页图文并茂的排版风格，确保文字简洁、易懂，插图占据页面的大部分空间，以吸引学龄前儿童的注意力。他还选用了大号字体和清晰的页面结构，使得家长在给孩子读故事时能够轻松阅读。

简单而精致的排版让故事与插图完美融合，孩子阅读起来更加轻松愉快。要保持排版简洁，文字与插图的比例要适合目标年龄段的孩子。可使用互动性设计，来增加家长与孩子一起阅读的互动性，如在插图上安排一些"提问"或"小挑战"。

4. 在亚马孙 KDP 平台发布

创作完成后，亚马孙的 KDP 平台是发布绘本的最佳选择之一。KDP 允许作者轻松发布电子书和实体书。通过 KDP，你可以轻松地将自己的 AI 生成绘本上传到亚马孙并进行全球销售。

小张通过 KDP 平台上传了他的儿童绘本，填写了必要的书籍信息（如书名、分类、关键词等），几分钟后，他的书就正式在亚马孙上架。他选择了"儿童教育与成长"作为分类，并根据市场需求设置了一些精准的关键词，如"情感教育""儿童绘本"等，以确保更多家长能够通过搜索找到他的作品。

第六章
用AI对接你的小生意

利用市场调查结果，选择最具竞争力的分类和关键词，让你的绘本在亚马孙上更容易被发现。可定期开展折扣或促销活动，吸引更多家长购买。

5. 推广与销售：精准的营销策略让产品脱颖而出

将绘本发布到亚马孙只是第一步，你还需要通过有效的营销策略让更多人看到并购买你的绘本。通过社交媒体、育儿论坛、广告等渠道进行宣传，提升绘本的曝光度。同时，亚马孙上的用户评价和排名也将对销售产生关键影响。

小张在绘本上架后，开始通过社交媒体发布部分绘本的插图和故事片段，来吸引家长的兴趣。他还在育儿博客上与知名博主合作，让博主为绘本写评论和推荐。同时，他积极管理亚马孙上的用户评价，鼓励购买过绘本的家长留下好评。这一系列的营销措施让他的绘本在短时间内获得了不错的销量。

营销让创意发声，口碑为产品代言。利用社交媒体和博客平台，定期发布绘本相关内容，提升知名度。积极获取用户评价，鼓励顾客在亚马孙上留下正面反馈，提升绘本的可信度。

随着技术的发展，AI会变得越来越智能，绘本的内容和形式也会越来越丰富。推出一些个性化的、互动性强的绘本很有可能是行业的趋势。未来，AI不仅能够创造绘本，还将重塑整个儿童教育和阅读市场。

利用AI技术，你可以在短时间内以极低的成本创作并销售儿童绘本。无论是写作、插图还是排版，AI都为你提供了高效的工具，让你轻松实现从创意到收入的转化。在亚马孙平台上，你不仅能获得全球市场的机会，还能通过合理的推广和营销策略打造出一个持续增长的小生意。

第七章　熬过生意最黑暗的时刻，你就赢了

世界上所有的成功都是"熬"出来的。360董事长周鸿祎在一次演讲中说："不要怕别人说自己是二百五，你坚持做下去，就像阿甘一样，成功是熬出来的。"万通控股董事长冯仑在一次演讲中说："世界上很多成功不是你主动设计的，而是熬下来的，伟大是熬下来的，成功在于坚持。"冯仑补充说："这就是我们所有创业的逻辑。"

小生意大收益

做生意要沉心静气

生意场，可谓风云变幻、充满挑战。这里犹如一个没有硝烟的战场，竞争激烈而残酷，而每一位投身其中的人都面临着巨大的压力。马云也曾对年轻的创业者给出这样的忠告："如果你正经历人生的不如意，请给自己一些时间，沉住气，别浮躁。"

越是在这样压力巨大的环境中，就越要沉得住气。沉得住气，意味着在面对市场的起伏时，能够保持冷静的头脑，不被短期的利益迷惑，也不被暂时的困难吓倒。当市场形势不利时，不会惊慌失措地盲目跟风或轻易放弃，而是静下心来，深入分析市场动态，寻找新的机遇和突破点。

京东创始人刘强东的第一桶金来自在中关村售卖刻录机。在2010年的网络零售峰会上，他分享道："对于互联网企业，尤其是电子商务而言，最难的并非赚到第一桶金，而是如何吸引并留住第一批用户。"他不仅通过售卖刻录机获得了创业资金，还凭借着对电商的敏锐洞察力，逐渐将京东打造成为了电商巨头。

著名企业家鲁冠球则是通过多年坚持不懈的努力，依靠修理农机最终赚到了第一桶金。他曾强调："创业并非捡钱，而是一场付出与回报的交易。必须要脚踏实地，逐步积累，只有

第七章
熬过生意最黑暗的时刻，你就赢了

拥有了第一桶金，才能够为未来的事业奠定坚实的基础。"

鲁冠球曾在《中外管理》杂志上发表过一篇名为《有目标，沉住气，悄悄干》的文章，分享了他成功的心得感悟。他认为，创业成功的关键在于拥有明确的目标，并且能够沉得住气，稳扎稳打。他指出："天上不会掉馅饼，成功需要依靠自己的实干，逐步积累和发展。"新东方创始人俞敏洪对这篇文章深有感触，认为鲁冠球用"有目标，沉住气，悄悄干"这九个字，揭示了成功的奥秘所在。

1. 有目标

创业的第一步便是明确目标。人生的方向必须清晰明确，要清楚地知道自己要前往何处。俞敏洪形象地解释道："目标的远近决定了你需要进行的不同准备：从北大到清华，骑自行车就足够了；从北京到天津，可能需要开汽车；而从中国到美国，就必须要乘坐飞机。"

目标不仅决定了你需要采取的策略，还决定了你所需要的能力和资源。如果你要在城市中做生意，金钱和人脉或许是关键所在；如果你要在国际市场上立足，语言能力和文化背景就会变得非常重要。因此，在设定目标时，必须结合自身的实际情况和能力，确保目标既具有挑战性，又切合实际。

2. 沉住气

鲁冠球的另一项重要建议是"沉住气"。在创业过程中，浮躁和急功近利是最大的敌人。俞敏洪认为，浮躁的人容易缺乏深思熟虑，而沉住气则意味着对自己以及自己的事业有着坚定的信心。只有坚定地相信自己能够成功的人，才会有耐心一步步地去实现目标。

在创业过程中，面对市场的变化和挑战，许多人往往会不断地改变方向，跟风追逐不同的行业和热点，最终错失了真正的机会。因此，沉住气不仅仅是稳住情绪，更是在面对挫折和挑战时能够从容应对。就如同台塑集团创始人王永庆通过养瘦鹅的经历所悟出的道理：在逆境中要耐得住饥饿和等待，机会终会到来。

3. 悄悄干

"悄悄干"强调了在创业过程中要保持低调和谨慎。贾平凹曾说："心系一处，守口如瓶。"这不仅是指保守商业秘密，还意味着要保持谦逊和冷静。在商业世界中，公开过多的计划可能会增加不必要的竞争压力，还可能导致资源分配不合理。因此，在积累阶段，保持谨慎是非常重要的。

俞敏洪总结道："定目标以明志向，沉住气以踏征程，悄悄干以成大业。"创业并非一蹴而就的事情，而是需要长期的坚持和规划。成功不仅源自机遇，更是不断努力和智慧的结晶。

第七章
熬过生意最黑暗的时刻，你就赢了

◎ 要对自己有一股狠劲

有这样一句话形容创业者，"起得比鸡早，干得比牛多，吃得比猪差，睡得比猫少"。

的确，作为小生意从业者，背负着太多艰辛。毕竟，成功从来都不是轻松得来的。在盛产"创业者"的浙江，流传着这样一句话，"睡得了地板，当得了老板"。这句话的含义值得深思。

小本创业无妨，只要你有那种渴望成功的狠劲。这种狠劲并非针对别人，而是针对自己。正如在温州等地，许多成功的企业家都是从无到有，靠着毅力与努力走到今天的。每一位如今风光的创业者背后，都有着一段艰苦卓绝的奋斗历程。

"火锅皇后"何永智和她的丈夫廖长光在创业初期，租了一间仅有16平方米的小店开起了火锅店。店里只有三张桌子、三口锅，空间极为狭窄。每天天还没亮，两人就要起床开始忙碌，深夜才能入睡。为了节省成本，夫妇俩和员工们吃住都在店里，晚上用布帘隔出一个简陋的睡觉空间。

经过无数个艰辛的日夜，何永智终于把这个小火锅店发展成了今天的重庆小天鹅集团。她常在创业讲座中提醒有志创业的人："创业是一个苦尽甘来的过程，必须具备吃苦耐劳的精神。"这种坚持和毅力，让她被媒体尊称为"中国阿信"。

很多人只看到成功者的无限风光，却不知创业者背后要付出的艰辛。大多数新开办的小公司、小工厂、作坊或店铺等，创业者往往既是创始人又是伙计，需要事无巨细地处理每一个环节，早出晚归、忙碌奔波。因此，创业者的工作量远比普通职员大，压力也更为沉重。

此外，即便"贵为"创始人，他们同样要面对来自客户、供货商甚至员工的压力。客户可能会百般挑剔，供货商或经销商可能蛮横无理，而员工有时也会以辞职相威胁来表达不满。创业者不仅要对这些忍气吞声、笑脸相迎，还要承受很大的财务压力，如果生意失败，可能会面临巨额债务。而作为打工者，最坏的情况也不过是失去一份工作。

新东方创始人俞敏洪的创业故事也充满艰辛。他曾在寒冷的冬夜，骑着破旧的自行车，带着一桶糨糊满北京城张贴招生广告，甚至还要躲避城管和保安的驱赶。在面临巨大压力时，俞敏洪也曾在酒后痛哭，但每次他都会重新振作，继续投入工作。

许多创业者在面临巨大压力时，会选择在酒后释放情绪，

第七章
熬过生意最黑暗的时刻，你就赢了

撕下平日坚强的外表，展现出脆弱的一面。这并非他们不坚强，而是因为创业的压力常常超出普通人能够承受的范围。托马斯·卡莱尔曾说："没有在深夜痛哭过的人，不足以谈人生。"对于创业者来说，或许也可以说："没有在酒后痛哭过的人，不足以谈创业。"

创业的道路注定艰难。那些风光无限的企业家，背后往往是无数个无眠的夜晚以及无数的艰辛与挫折。不少创业者，都是从"睡地板"开始，用汗水和坚持，一步步走向今日的成就。创业不仅是对市场的挑战，更是对心智和毅力的考验。每一位成功者背后的故事，都是一部充满艰辛的奋斗史。

◎ 与其找借口，不如找方法

做生意是一项复杂且涉及面广泛的"系统工程"，总会遭遇各种突发状况。没有谁能确保事业可以百分之百顺利进行。当我们面对问题时，唯一的选择便是寻找方法加以解决，并从中吸取经验与教训。

刘永行四兄弟在创业初期，成立了一家育新良种场，专门钻研鹌鹑养殖技术，并利用人工孵化器孵化雏鸟售卖给客户。正当他们满怀憧憬准备大展拳脚之际，一场意想不到的"灾

小生意大收益

难"差点将他们的梦想摧毁。

一天,一位来自资阳的专业户下了4万只雏鸟的订单。刘氏兄弟为了满足这个订单,不得不借了一大笔钱来购置4万只种蛋。然而,仅在2000只雏鸟交货后不久,他们便得知这个客户不仅无力偿还欠款,还因饲养不当致使全部雏鸟死亡,并且已经破产。刘永行兄弟不但无法追讨货款,还眼睁睁看着剩下的几万只雏鸟即将破壳,却找不到新的买家。

面对巨大的危机,刘氏兄弟感到无比绝望。资金链已然断裂,雏鸟的饲养成本他们无力承担,借钱渡过难关几乎是天方夜谭。然而,强者的特质在于,虽然他们也会在绝望中感到沮丧,但最终总能从绝望中找到出路。刘永行决定转变策略,专注于解决最紧迫的问题——如何将雏鸟卖出去。

刘永行和兄弟们决定把雏鸟卖给城市里的居民。他们连夜编织竹筐,带着雏鸟前往农贸市场叫卖。每天,他们天不亮就骑着自行车赶到20千米外的市场,用卖雏鸟的钱购买饲料,维持剩下雏鸟的生存。经过不懈努力,他们最终将近4万只雏鸟全部售出。虽然最后亏了280元,但他们成功度过了这次危机。

刘永行的故事告诉我们,在面对问题时,找借口最容易,而真正解决问题的关键在于积极寻找方法。每一个问题都有不同的解决方案，但大致可以分为三步，掌握这三步，便能大幅提升解决问题的能力。

1. 找准问题的核心

解决问题的第一步是找准问题的核心。就如同如果你的鞋子磨脚，找鞋匠比看医生更有效。若不能准确找出问题的关键所在，你可能会花费大量时间和精力去解决无关痛痒的枝节问题。只有直捣问题的核心，才能真正解决问题。刘永行的成功就在于他没有将精力浪费在追讨债务或继续借钱上，而是迅速转向最紧急的任务——卖掉雏鸟。

2. 分析事实

在找到问题的核心后，接下来需要全面分析所有相关的事实和信息。这个过程需要像科学家做实验一样严谨，要基于事实而非猜测。刘永行在分析后发现，农民春耕繁忙，无暇购买雏鸟，且大多数人更倾向于用自家的鸡孵化小鸡，因而他果断决定将目标客户转向城镇居民。这是基于对市场现实的准确分析，确保了解每一个环节的可能性。

3. 谨慎决策

作出决策是解决问题的最后一步。如果事情紧急，必须快速决策并立即执行；但如果情况允许，应当给自己更多的时间考虑周全，避免鲁莽行动造成更大的损失。刘永行兄弟在面对困境时，没有一味拖延，而是果断采取了行动，这种果断的态度帮助他们摆脱了困境。

◎ 坚持下去直到成功

刘强东是京东集团的创始人，在他的引领下，京东从一家小小的代理销售公司，发展成为今日的电商巨头。刘强东以其独特的经营理念和坚韧不拔的精神，成为无数创业者的榜样。

1998年，刘强东在中关村开设了一家电子产品零售店，彼时正值互联网行业在中国起步之际。尽管起步时具备一定规模，但2003年非典疫情暴发，线下零售行业遭受重创，刘强东的生意陷入低谷。无奈之下，他转向线上推广，起初只是在论坛发帖推广产品，却意外地发现这种方式效果极佳，这也为他进军电子商务领域埋下了伏笔。

尽管互联网"寒冬"让许多创业者选择放弃，但刘强东却选择了坚持。他在2004年大胆全面转型，涉足电子商务领域。到了2005年，他彻底关闭了所有线下店面，专注于线上发展。这一果断决策成就了今日的京东商城。刘强东回忆这段经历时，曾感慨道："有时，坚持比放弃更为重要，但关键是要坚持正确的方向。"

刘强东的故事揭示了一个重要道理：坚持与维持之间存在着微妙却深刻的差异。许多人因害怕改变，选择"维持"现状，而非坚持正确的方向。"坚持"意味着对未来充满信心，并在明确的目标下持续努力；而"维持"则是在不知如何改善现状时被动地拖延。

正如刘强东所言，若你看不到未来一年内业务的本质变化，便是"维持"。真正的坚持，需要对行业未来具备远见卓识和深刻的信念。

创业者要如站在瞭望塔上的船长，不仅要埋头苦干，还要抬头看路。坚持的前提必须是方向正确。刘强东当年果断转型，是因为他看准了电子商务的潜力。而他的坚持源于对行业发展的信心，尽管当时并不能完全确定电子商务能发展到今日的规模，但他坚信这是一个正确的方向。

刘强东的坚持成就了京东的成功。正是因为他没有沉迷于短期收益，而是选择了坚持长远的战略方向，京东才能在激烈的竞争中脱颖而出，成为今日中国最大的电商之一。

刘强东的故事教会我们一个道理：在做生意的道路上，坚持是必要的，但方向同样重要。创业者不能仅将全部精力投入日常事务中，还需具备远见卓识，明确企业的"航向"。当确定了正确的方向后，就要勇敢地坚持下去。

　　做生意并非一场短跑，而是一场马拉松。那些能够在"寒冬"中坚持下来的企业家，往往是因为他们看到了行业的未来，并且有足够的耐心和信念去等待那"明日的太阳"。

第八章　小生意也能成为大事业

　　生意场就像自然界里的森林，大买卖是数量稀少的参天大树，中型企业是茁壮结实的小树，小生意则是众多的幼苗。幼苗再微小，也能为世界增添绿色。每一棵大树的长成，都是从幼苗开始的。你也可以成为明天的刘永行、鲁冠球。他们，不也是这么过来的吗？

小生意大收益

◎ 稳中求进是长久经营之道

做生意，稳健发展乃是实现长久经营的不二法门。那些急于求成之人，或许能够侥幸成功一两次，但最终难免会掉入陷阱、一蹶不振。

有一位"90后"创业者小刘，因对打工生活感到不满，毅然决然地卖掉房子开启创业之路，计划从房产中介起步，逐步拓展至房产团购平台。然而，这位创业者在初期盈利后过于冒进，最终以失败告终。

2017年初，小刘卖掉县城的房子，还清房贷后手握18万元开始创业。他打算先从房产中介入手，接着搭建本地房产信息发布平台，进一步发展房产团购业务，最终实现连锁经营模式。店铺开业后，经过数月的努力，他取得了些许成功，短时间内盈利达到4万元。

面对这初步的成功，小刘欣喜若狂，急于扩张。在涉足小产权楼盘代理失败后，他转而投入房产团购，并斥资创建了房产团购网站。但由于资金有限，推广效果不佳，小刘最终陷入资金链断裂的困境。为了继续支撑项目，他借债投入，却始终无法扭转局面，最后只能关闭中介业务。

小刘的失败，根本原因在于过度扩张，忽视了自身有限的

第八章
小生意也能成为大事业

资源和能力。创业初期的成功往往会让人自信心膨胀，但如果不控制扩张速度，忽视市场需求与自身能力的匹配度，就很容易导致资金链断裂，最终走向失败。

另一个类似的故事发生在老贾身上。他在北京开了一家快餐店，生意异常火爆。第一个月便实现盈利，老贾因此决定要将快餐店打造成连锁品牌。然而，面对初期的成功，老贾没有选择稳步发展，而是迅速扩张业务，筹集资金开设旗舰店，企图通过大规模店面吸引加盟商。

不幸的是，这家旗舰店由于定位偏离市场需求，最终入不敷出。老贾不仅没有实现快速扩张的梦想，反而因为旗舰店的亏损，不得不转让原本盈利的店铺，来填补亏损带来的债务，最终全盘皆输。

老贾的例子提醒我们，忽视市场需求的变化而盲目扩张业务，往往会导致企业陷入困境。尤其是在创业初期，经验和资源都极为有限，贸然扩张可能会带来致命打击。成功的连锁经营需要时间的沉淀和深思熟虑，不能因为一时的盈利而盲目扩大投资。

扩展产业链是许多创业者在取得初步成功后选择的发展方向，然而，这条路并非总是一帆风顺的。产业链扩展的背后需要大量的资源、经验和人才储备，如果没有充分准备，就很容易导致业务全面崩盘。

通过以上两个失败案例，我们可以总结出小生意稳中求进的关键要素。

1. 量力而行

在扩展业务之前，创业者必须认真评估自己的资源和能力。盲目追求速度和规模会让企业陷入资金链断裂的危机。稳健的发展策略应是根据自身实际情况，逐步扩展业务，而不是一味追求快速增长。

2. 控制风险

扩展业务时，要考虑市场的不确定性，尤其是在资金、技术和人才方面的限制。在进入新的领域或产业链时，创业者需要明确市场需求和自身的核心竞争力，避免因为盲目扩张而承担过高的风险。

3. 专注核心业务

小生意创业者应该保持专注，深耕自己的核心业务，逐步积累经验和品牌优势。多元化经营虽然可以分散风险，但如果缺乏足够的资源支持，反而会拖垮整个企业。专注于一个领域并不断优化，往往能带来更为稳定的长期收益。

4. 长远规划

生意的发展需要有长远的战略规划，而不是依赖短期的市

第八章
小生意也能成为大事业

场机会或一时的热潮。作为创业者，应始终关注市场趋势，避免盲目跟风或追逐短期利益。通过合理的规划和适时的调整，企业才能在激烈的市场竞争中立于不败之地。

◎ 维稳？扩张？要三思

当小生意有了稳定的收益，创业者便开始思忖着要不要把摊子铺大点。选择扩张，可能会让资金链绷得太紧；选择按兵不动，又可能错过抢占市场的好机会。毕竟，有时候机会即陷阱，扩张即绝路。因此，扩张要三思。那么，怎么找准扩大规模的最佳时机呢？

1. 销量和需求的持续增长

倘若你察觉到自家的货品或者服务愈发受到追捧，销售额不断攀升，而现有的生产能力已然无法满足顾客的需求，那么此时或许就是扩大规模的时机。

2. 资金状况良好，现金流稳定

扩张生意需要资金作为支撑。即便你的买卖越做越大，但如果手头现金不够充裕，也不要急于扩大规模。道理很简单，生意看似红火但现金不足，意味着你当下的经营状况并不一定十分理想——赚到的钱只是账面上的数字，而非实实在在落入口袋。在这种情况下，倘若贸然扩张，由于没有足够的资金来应对扩张带来的各种开销，如新店的房租、设备购置、员工工资等，很可能会陷入困境。

小生意最理想的扩张方式是：利用自己生意赚取的资金来进行扩张，而非依赖借款。如果必须依靠借一大笔外债来实现扩张，风险将会大幅增加，现金流随时可能出现问题。所以，在扩张之前，务必确保自己手头的资金能够顺畅流转。扩张的步伐不要迈得太快，只有先确保拥有足够的"弹药"——资金，才能稳步前行。

3. 市场机会的出现

然而，不借钱扩张也并非绝对的铁律。如果你敏锐地捕捉到新的商机，而你的竞争对手们还未反应过来，此时也可以考虑抓住机会扩大规模。这种机会可能表现为：顾客口味发生变化、行业中出现新潮流，或者新兴市场崛起。

4. 运营流程已标准化，管理能力到位

扩张生意意味着需要投入更多的精力进行管理，管理事务也会变得更加复杂。如果自家的运营流程尚未理顺，管理能力也有待提升，那么急于扩大规模可能会使事情变得一团糟，甚至会影响现有的业务。要想实现顺利扩张，必须先确保现有的运营流程已经规范化，无论是员工培训、供应链管理，还是客户服务，都能够高效地进行复制。

第八章
小生意也能成为大事业

张强在扩大小吃连锁店之前，花费了大半年的时间来优化公司的运营流程。他制定了一套详细的管理手册，其中涵盖了采购流程、员工培训、服务标准等内容。

新店开业后，张强并未亲自参与管理，而是让店长按照标准化的流程进行操作。由于流程清晰明了，服务质量和管理水平得以保持一致，生意也顺利地扩展到了三家店的规模。

要想实现扩张而无需过度操心，首先要准备好"复制"键，让每家店都严格按照标准进行运营。

5. 客户需求细分和新的服务机会

扩张生意，不一定只是单纯地扩大规模，有时候更需要深入挖掘市场。通过对客户需求进行更细致的划分，找到新的服务切入点，这也可能成为你扩张的信号。例如，你的产品或服务目前能够满足大众需求，但那些高端客户或者特定年龄层的顾客，他们的特殊需求尚未得到充分满足，这便是你扩张的良机。

老李经营着一家修车行，起初主要服务普通车主。但他注意到，很多新手司机和老年车主对复杂的汽车维修项目感到困惑，且市面上针对这些人群的简单维修服务相对较少。于是，老李迅速推出了"新手简易维修课"和"老年车主专享服务"，并增加了一些适合他们的服务设施。这样一来，这些新服务吸引了众多顾客，修车行的生意也愈发红火。

有时候，扩张并非一味地横向拓展，而是向市场的深处挖掘，挖掘那些尚未被填满的空缺。

6. 竞争压力的增大

当你的生意越来越好时，竞争对手不会无动于衷。如果你发现行业内竞争加剧，且对手已经在扩展业务，那么此时你也需要考虑扩展业务，以保持市场竞争力。

黄先生的烘焙店生意一直十分红火，但后来有两家新的烘焙店在附近开业，黄先生意识到竞争压力增大。他决定提前采取行动，扩展业务，开设新分店，并通过改善店铺环境和增加新产品种类来提升顾客体验。通过这次扩张，他不仅保住了原有的市场份额，还赢得了更多新客户。

当竞争对手加速扩张时，如果你行动迟缓，就可能被甩在后面。扩大生意规模这件事需要谨慎考虑，不能仅凭一时冲动就作出决定。销量稳步上升、手头资金充裕、市场出现机会、运营流程规范、竞争压力增大等，这些都是你可以考虑扩大规模的信号。但在决定扩张之前，必须仔细权衡自己的资源、能力以及市场情况，确保这一步走出去能够带来长远的利益，而非仅仅是一时冲动。扩张并非"有了就扩"，而是"准备好了再扩"，只有这样，才能走得更稳、更远！

六个有效的扩张策略

在小生意的领域中，扩张往往意味着迈向一个新的发展阶段。无论你是经营小餐馆、售卖衣服，还是从事在线服务，成功地打入新市场、开拓新渠道，都能够为你的生意带来持续的增长和稳定的收益。那么，究竟该如何选择合适的市场和渠道进行扩张呢？接下来，我们将从几个关键方面来探讨有效的扩张策略，助力你在商业扩张的道路上顺风顺水。

1. 地理扩张

扩张生意的一种常见方式是进行地理上的拓展。如果你已经在本地市场站稳脚跟，那么可以考虑向周边城市或地区扩张，逐步拓展至全国乃至国际市场。

地理扩张的关键在于深入理解新市场的文化和消费习惯。每个地方的口味、购物偏好以及法律法规等都有所不同，因此在进入新市场之前，必须进行充分的市场调研，确保你的产品或服务能够满足新区域的需求。

老张在自家小区开了一家小吃店，生意一直颇为红火。看到扩张的机遇，他决定在另外一处开设分店。然而，不同地区的顾客口味存在差异，起初生意并不理想。经过一番市场调研,老张发现当地顾客更喜欢辣味小吃。他迅速调整菜单,生意很快便红火起来。如今,他的小吃店已经在全市开了十几家分店。

扩张犹如盖房子,只有打好基础,才能盖得更高。

2. 多渠道销售

随着电商的兴起,线上与线下相结合的全渠道销售成为扩张的重要策略。如果仅仅依靠实体店,很可能会错过许多潜在客户。通过线上平台(如淘宝、京东等),你可以将产品推向全国乃至全球市场。而线下门店则能够增强品牌的可信度,提供更好的顾客体验。

张阿姨在村里开了一家特产店,主要销售蜂蜜、干果等农产品。她的店在当地口碑良好,但由于位置偏远,客流量有限,收入一直不高。后来,在孩子的帮助下,张阿姨在淘宝上开设了网店。通过线上销售和直播带货,产品迅速在全国打响了知名度,销量大幅增长。如今,张阿姨的生意线上线下都十分红火。

把店铺开到每个人的手机里,全渠道销售就如同为生意插上了翅膀。

第八章
小生意也能成为大事业

3. 引入新产品线或服务

扩张市场的另一种有效策略是通过引入新产品线或服务来吸引现有客户重复购买，或者开发新的客户群体。如果你已经拥有了一批忠实客户，他们对你的品牌充满信任感，此时通过扩展产品线或服务，能够有效增加收入，提升市场占有率。

小刘开了一家专卖家居用品的店，主要销售家居饰品、灯具等产品。起初生意不错，但他发现很多顾客在购买家居用品时，会向他咨询一些家装设计的问题。于是，小刘决定增加家装设计服务，通过与顾客合作设计家居布局，扩大了服务范围。这一新服务不仅提高了客户的满意度，还让他的店铺收入增加了 30%。

4. 开拓特许经营或合作模式

特许经营是企业扩张的有效方式之一。通过授权他人使用你的品牌、运营模式和产品等，你可以以较低的成本快速进入更多市场。特许经营的好处在于，你可以利用加盟者的资金和资源，同时通过标准化的流程和管理模式，确保品牌的一致性和质量控制。

麦当劳作为全球知名的快餐品牌，正是通过特许经营模式在全球各地迅速扩张的。每一个加盟店都使用麦当劳的标准流程、供应链和管理系统，保证了顾客无论在哪个国家用餐，都能享受到一致的口味和服务。麦当劳的成功证明了特许经营在快速扩张品牌时具有巨大的潜力。

通过特许经营，你的品牌可以迅速跨越地域界限，让全世界都认识你。

5. 结合数据与技术

在开拓新市场和新渠道时，充分利用数据和技术至关重要。数据可以帮助你了解客户的消费习惯、市场趋势，并根据这些信息作出精准的商业决策。通过电商平台的销售数据、社交媒体上的客户反馈，你可以及时调整扩张策略，优化产品或服务，降低扩张中的风险。

某智能穿戴品牌通过分析线上销售数据，发现年轻消费者对健康追踪产品的需求旺盛，但这部分人群更倾向于价格适中且时尚的产品。于是，该品牌决定推出一款性价比更高的智能手环，并重点在社交媒体上进行推广，短时间内销量大增。通过数据分析和技术手段，该公司快速找准了扩张市场的切入点，极大地提升了品牌的市场份额。

以数据为指引，市场扩张不再盲目，精准打击才能事半功倍。

第八章
小生意也能成为大事业

6. 与当地资源合作

当你进入一个新市场时，合作是降低成本、提升效率的关键策略之一。通过与当地的供应商、配送商、广告渠道等合作，你可以更快地融入新市场，减少扩张初期的运营难度。特别是在进行国际扩张时，找到合适的本地合作伙伴，能够帮助你跨越文化和法律障碍，顺利进入当地市场。

李总决定将生意扩展到海外市场，主打进口食品的销售。但一开始他对当地市场不了解，盲目采购导致成本过高。后来，他找到了一家本地的批发供应商进行合作，不仅降低了采购成本，还通过本地供应商的渠道顺利打开市场。合作帮助李总在短时间内站稳脚跟，生意也稳步增长。

扩展市场不一定非要单打独斗，借助合作的力量，能让你事半功倍。

生意的扩张并非一蹴而就的事情，每一步都需要仔细权衡与规划。无论是地理扩展、线上线下结合，还是引入新产品线、特许经营，关键都在于找到适合自己生意的扩张方式。通过数据分析、技术支持以及合作伙伴的助力，扩张的路程会更加稳健。记住，扩张不仅是增长，更是提升品牌影响力的过程。

打造消费者无法抗拒的品牌

在热闹的市场中,品牌就如同你递给顾客的一张有份量的名片。它并非仅仅商标或者名字,而是顾客选择你而非他人的缘由。在众多品牌当中,如何让自己的品牌熠熠生辉,并且能让顾客愿意购买你的产品或服务呢?

1. 找准品牌的核心价值

品牌的成败,核心价值起着关键作用。核心价值决定了品牌的发展方向和定位,是品牌发展的基石。你必须清楚自己的品牌代表着什么,是质量卓越、不断创新、服务周到,还是价格实惠。一旦确定了核心价值,所有的品牌建设都必须围绕着它展开。

苹果手机的核心价值便是"创新和用户体验"。从手机设计到用户感受,苹果始终围绕着这个核心价值,成为消费者心中创新的代表。再比如宜家,它的品牌价值是"简约设计和实惠价格"。这种定位使宜家迅速赢得了市场,成为许多家庭的首选。

品牌的灵魂在于其价值,只有当你清楚自己要传达的价值是什么,顾客才有可能真正理解你。认真思考,明确你的品牌的核心价值。它可以是"诚信服务""环保责任"或者"创新科技"等。确保你的每一个决策和行动都与核心价值相符。无论是推出新产品,还是与顾客进行沟通,都要体现出这个价值。让核心价值成为品牌文化的一部分,让每一位员工和顾客都能切实感受到。

2. 讲好品牌故事,拉近情感距离

每个成功的品牌背后,都有一个动人的故事。品牌故事不是简单的介绍,它是品牌的灵魂所在。讲述品牌的起源、使命和愿景,可以让顾客与品牌产生情感共鸣。

星巴克的品牌故事设立的是"第三空间"的理念——让顾客在家和工作之外找到一个舒适的休息场所。这个故事使星巴克不仅仅是一家咖啡店,更是一个温馨的空间。再看耐克的品牌故事,它讲述的是"坚持自我、勇敢追梦"的故事,通过与体育精神的结合,耐克将品牌深深植入那些渴望突破自我的人们心中。

讲好品牌故事,让顾客不仅购买产品,还认同你的情怀和梦想。回顾品牌的起源故事,从最初的创立动机中找到能够打动人心的点,将品牌的愿景和使命融入产品和服务之中,通过广告、社交媒体与顾客进行沟通,持续强化这个故事。不要仅仅讲述你的产品有多好,而是要讲述产品如何给顾客带来情感或生活上的改变。

3. 打造一致的视觉体验

品牌不仅仅是一个名字,更是顾客每次接触品牌时的一种感受。因此,你必须在视觉形象和顾客体验上保持一致性。视觉形象包括品牌的标志(Logo)、色彩、字体和设计风格等,而顾客体验则包括他们在店铺、网站、社交媒体或与客服沟通中所感受到的品牌形象。

无论你走到世界的哪个角落,走进星巴克,你都能感受到统一的氛围——统一的店面设计、简洁的标志、轻松的环境,以及一贯的服务质量。这样的品牌一致性让顾客无论在哪里消费,都能感到熟悉和信任。

相反,如果品牌的视觉和体验不一致,顾客会感到困惑,品牌的信任感也会随之下降。例如,如果一个奢侈品品牌在广告中强调高端和尊贵,但其店铺设计却十分简陋,顾客可能就会对品牌产生怀疑。品牌不仅仅是一个名字,它也是顾客每次接触品牌时的感受。

确定一个清晰的视觉体系,包括品牌的标志、主色调、字体、广告设计风格等。确保无论是在实体店、网站还是社交平台，顾客接触品牌时的体验都是一致的。定期评估并优化品牌的顾客体验，确保每一个细节都能反映出你的品牌价值非常重要。

4. 和顾客保持互动，建立品牌忠诚度

吸引顾客购买产品只是第一步，让他们成为品牌的忠实粉丝才是长期成功的关键。保持与顾客的互动，倾听他们的反馈，让他们感到被重视，能够逐步增强顾客的品牌忠诚度。忠诚的顾客不仅会重复购买，还会自发地推荐你的品牌，成为品牌的"代言人"。社交媒体是与顾客互动的良好平台。通过及时回复顾客的问题、参与讨论，甚至在社交媒体上分享顾客的故事，品牌能够加深与顾客的情感连接。

小米通过社交媒体和社区与用户保持高频互动，倾听用户的意见，不断改进产品。同时，小米定期举办"米粉节"等活动，让用户感到自己是品牌的一部分，极大地增强了顾客的品牌忠诚度。

品牌忠诚度来自情感连接，不仅要抓住顾客的钱包，还要抓住他们的心。积极参与社交媒体互动，定期发布有趣、有价值的内容，保持品牌与顾客的联系。倾听顾客的反馈，并迅速做出回应，让顾客感到被尊重和重视。通过会员计划、专属折扣或活动奖励忠诚顾客，给予他们特别的待遇，让他们感到与众不同。

5. 持续创新，提升品牌的生命力

一个品牌若想长久发展，不能仅仅停留在过去的成功之上。持续的创新和升级是品牌保持生命力的关键。通过不断改进产品、服务和顾客体验，品牌可以保持竞争力，满足不断变化的市场需求。

华为，作为全球领先的信息与通信技术解决方案提供商，自1987年成立以来，始终将创新视为企业发展的核心驱动力。面对日益激烈的国际竞争和快速变化的市场需求，华为不仅没有被挑战击垮，反而通过持续的技术创新、管理创新和品牌创新，不断提升其品牌生命力，成为中国品牌的骄傲。

品牌的生命力在于创新，今天的成功并不能保证明天的辉煌。定期评估市场需求，推出符合潮流的产品或服务。借助科技和数据分析，预测顾客未来的需求，并提前布局。不断优化顾客体验，让品牌始终保持新鲜感和吸引力。

打造独特品牌并吸引忠实顾客是一项长期的战略工作。通过明确品牌核心价值、讲好品牌故事、保持一致的视觉和体验，与顾客保持互动以及持续创新，你的品牌才能在竞争激烈的市场中稳步发展。

切记：品牌不是一夜之间建立的，而是通过点滴的积累和与顾客的长期互动，逐渐成长起来的。